W0188970

Till R. Lohmeyer · Unter Zoologen

TILL R. LOHMEYER

Unter Zoologen

Roman

GERD HAFFMANS
BEI ZWEITAUSENDEINS

Erstausgabe
1. Auflage, Januar 2003

Copyright © 2002 by Zweitausendeins,
Postfach, D-60381 Frankfurt am Main.

Gestaltung und Produktion von Urs Jakob.
Printed in Germany.
Satz: Fotosatz Reinhard Amann Aichstetten
Herstellung: Ebner & Spiegel, Ulm

Dieses Buch gibt es nur bei Zweitausendeins im Versand,
Postfach, D-60381 Frankfurt am Main, Telefon 0 69 - 420 80 00,
Fax 0 69 - 41 50 03. Internet www.Zweitausendeins.de,
E-Mail Info@Zweitausendeins.de.
Oder in den Zweitausendeins-Läden in Berlin, Düsseldorf, Essen,
Frankfurt am Main, Freiburg, 2 x in Hamburg, in Hannover, Köln, Mann-
heim, München, Nürnberg, Saarbrücken, Stuttgart.

In der Schweiz über buch 2000,
Postfach 89, CH-8910 Affoltern a. A.
ISBN 3-86150-503-7

Wer an einem geschäftigen Samstag-
vormittag drei Stunden lang durch eine
großstädtische Fußgängerzone flaniert,
begegnet nach meiner Schätzung durch-
schnittlich zwei bis drei unerkannten
Mördern beim Wochenendeinkauf.

HANS-ANDERS RIDDERSTRÖM

Prof. Dr. Wendelin Baumgarten
Hinter der Bahn 16b
D-+++++ Zweibillen-Kleinrispendorf

Hochwürden
Ottfried Zeiselmann
Kantor-Stumpf-Weg 9
D-+++++ Dreibillen-Viehhausen

am 2.11.2000

Lieber Zeiselmann,

zunächst einmal möchte ich Ihnen von ganzem Herzen
für die klugen und tröstenden Worte an meinem Grabe
danken. Ich denke, es ist ein risikoloses Unterfangen,
diesen Dank hier und heute schon niederzuschreiben,
denn wer anders als Sie wird die Totenrede halten, wer
anders als Sie nach meinem Dahinscheiden Treffendes
sagen können? Sollten Sie dennoch, aus was für Gründen auch immer, verhindert gewesen sein, so bitte ich
Sie, meinen Dank in einem allgemeinen Sinn zu akzeptieren: als Anerkennung meiner tiefempfundenen Ver-
bundenheit für viele, viele gute Gespräche bei mir, bei
Ihnen, im Bibelkreis, am Stammtisch in der *Krone* (Wir
»hatten einen in der Krone«, wissen Sie noch?) oder
auf unseren Spaziergängen im Greifenbachtal. Sie haben immer ein offenes Ohr für mich gehabt – wohlgemerkt *eines*, denn wäre das andere auch offen gewesen, so hätte das ja bedeutet »zum einen Ohr rein, zum
andern Ohr raus« wie bei so vielen unserer Zeitgenos-
sen, die das Zuhören längst verlernt haben.
Sie waren, Hochwürden, der einzige Mensch in mei-

nem Leben, der, wiewohl selbst nicht vom Fach, jene besondere Form der Einsamkeit nachempfinden konnte, die nur der Spezialist erfährt. Wer sich jahrzehntelang in die Systematik der Schnabelkerfe vergräbt, von denen es nach konservativen Schätzungen weltweit an die vierzigtausend bekannte und mindestens noch einmal so viele unbekannte Arten gibt, atmet bald dünne Luft. Ich konnte mich in den letzten Jahren, was die *Nepomorpha* (Wasserwanzen) betraf, nur noch mit Qong-Yang Lee in Taipeh, Leif Stiggerbäkk in Oslo und Juana Robles Garrido in Caracas unterhalten, wobei ich einschränkend sagen muß, daß Stiggerbäkk zwar die *Notonectidae* (Rückenschwimmer) kennt, bei den *Corixidae* (Ruderwanzen) aber schon vor Jahren den Anschluß verloren hat. Positiv zu vermerken ist, daß Frau Professor Robles Garrido, seit es E-Mail gibt, wesentlich kontaktfreudiger ist als vorher. Allerdings geht sie inzwischen auch schon auf die Neunzig zu.

Sie, Herr Pfarrer, hatten also Verständnis für die Einsamkeit des Gratwanderers an den Grenzen und Abgründen unseres Wissens, und dazu brauchten Sie nicht einmal den Unterschied zwischen Schnabelkerfen *(Hemiptera)* und Schnabelhaften *(Mecoptera)* zu kennen. Ihre eigene Einsamkeit an den Grenzen (und Abgründen?) unseres Glaubens, ein wenig Einfühlungsvermögen und eine Prise Phantasie genügten vollauf.

Zeiselmann, alter Skatbruder – warum haben wir uns eigentlich nie geduzt? Ich glaube, es lag an Ihrem Beruf, der natürlichen Würde Ihres Amtes. Ich als der Ältere hätte Ihnen spätestens bei der Hochzeit Ihres begabten Neffen das Du anbieten müssen – Sie wissen ja, damals am Waginger See, wo uns dieser Modekoch minimalistische Gaumenfreuden auftischte, wo der Champagner floß und diese resche junge Witwe neben

Ihnen saß. Ja, damals dachte ich durchaus daran – und unterließ es am Ende doch. Ich war in vielen alltäglichen Dingen zeitlebens gehemmt und unsicher – was wunder bei einem Menschen, der nur mit den Schnabelkerfen auf Duzfuß ist!

Hinzu kommt – und das wird Sie jetzt erschrecken, alter Freund! – Baumgarten war feige, abgrundtief feige! Gerade in den letzten Tagen hat mir diese Einsicht einmal mehr arg zugesetzt. In Angst und Beklemmung, in Momenten, in denen man mit erschreckender Klarheit erkennt, wann und wo vor vielen Jahren der Zug des Lebens aufs falsche Gleis geriet, muß man sich guten Freunden anvertrauen können. Sie, Zeiselmann, waren für mich eine solche Vertrauensperson – aber ich habe es nie gewagt, meinem Seelsorger *das* große, beunruhigende Geheimnis meines Lebens anzuvertrauen und ihn um seinen Rat zu bitten. Noch jetzt, da ich diese Zeilen schreibe, könnte ich zum Telefon greifen und Ihnen alles bekennen, aber ich schaffe es nicht. So bleibt dieser Brief, der Sie erst nach meinem Ableben erreicht, ein kläglicher Versuch, wenigstens bis zu einem gewissen Grade meinen inneren Frieden wiederzugewinnen.

Es muß jetzt ziemlich genau fünf Jahre her sein, daß der Vorsitzende des Mathematisch-Naturwissenschaftlichen Vereins für das Obere Klingerland von 1886 e. V. (MNVOK), Dr. Gebhart Phöge, mit einer Bitte an mich herantrat: Es ging um den Nachlaß des am 4. Mai 1995 an einem Krebsleiden verstorbenen Zoologen Hans-Anders Ridderström, von dem Sie sicher schon einmal gehört haben, vielleicht durch mich, gewiß aber auch auf anderem Wege; als langjähriger Moderator der Fernsehsendung *Du und das Tier* war er schließlich eine Persönlichkeit des öffentlichen Lebens. Viele meiner

Kollegen beneideten ihn: Ridderström war Schüler des berühmten Quirin E. Migula und eine angesehene Kapazität auf dem Gebiet der Herpetologie (Schlangenkunde). Er besaß darüber hinaus die seltene Gabe, Stegreif-Vorträge über praktisch jede Wirbeltierklasse halten zu können, die *Pisces* (Fische) ausgenommen. Entkam in Niederbayern ein Straußenvogel aus einem Gehege und verschwand in einem Maisfeld – Ridderström war mit der Kamera zur Stelle und erklärte dem verdutzten Landwirt druckreif die Unterschiede zwischen Nandu, Strauß und Emu. Er sah überdies blendend aus: hochgewachsen und sehnig-muskulös die Figur, das volle Haar früh silbergrau (bald weiß), ein markantes Kinn, entengrützengrüne Augen, die lachen konnten ... obgleich sie, wenn er sich unbeobachtet fühlte, nicht selten auch melancholisch wirkten: ein abgehobener, scheinbar in die Ferne gerichteter Blick, der indes seine rege Aufmerksamkeit für Näherliegendes nie beeinträchtigte.

Persönlich kannte ich Ridderström schon lange, bevor er überregional Karriere machte. Wir hatten an der gleichen Universität studiert und später gemeinsam an einer Expedition in die Regenwälder Guatemalas teilgenommen, die von einer furchtbaren Tragödie überschattet war: Seine erste Frau Maria kam dabei unter nie ganz geklärten Umständen ums Leben. Sie war eine hervorragende Fotografin und Kamerafrau; die beiden hatten gerade ein Töchterchen bekommen.

Daß Phöge ausgerechnet mich ansprach, als der Verein mit der Durchsicht und Ordnung des Ridderströmschen Nachlasses betraut wurde, lag daran, daß der Verstorbene in seiner Freizeit und auf zahlreichen Tropenreisen unter anderem auch eine große Käfersammlung angelegt hatte. Obwohl die Coleopteren mit den

Schnabelkerfen nur entfernt verwandt sind, war weit und breit ich der einzige, der den Wert der Sammlung wenigstens annähernd beurteilen konnte. Theoretisch hätte ich Phöges Bitte ablehnen können, doch in der Praxis bat ich mir nicht einmal Bedenkzeit aus und gab mich im Gegenzug mit einer kleinen Unkostenerstattung zufrieden.

Es war eine Heidenarbeit, das kann ich Ihnen sagen, lieber Zeiselmann. Viele Coleopteren – teils nur sehr unzureichend präpariert und nicht immer korrekt bestimmt – mußte ich einweichen, neu nadeln und zur Vorbeugung gegen den stets drohenden Museumskäferbefall neu vergiften, wobei mir allerdings, dank Phöges Verbindungen, ein im Rahmen einer ABM-Regelung eingestellter Hilfswissenschaftler zur Hand ging. Am Ende überließ ich die Sammlung, nach Familien und Gattungen geordnet, dem Zoologischen Institut; so war es testamentarisch verfügt und mit den Hinterbliebenen abgesprochen. Die vielen Filme, die der Verstorbene auf ausgedehnten Reisen im In- und Ausland gedreht hatte, erhielt zunächst der MNVOK zur Sichtung; die viertausendfünfhundert Bände umfassende Bibliothek wurde mit Hilfe einer Teilzeit-Schreibkraft katalogisiert und später von einem naturwissenschaftlichen Antiquariat in Amsterdam in Kommission genommen.

Was blieb waren Sonderdrucke, Fotos, Fotokopien, Rezensionen, Exkursionsprotokolle, Expeditionstagebücher, Skizzen, Landkarten, Rechnungen, Lieferscheine, Geschäftskorrespondenz und Fanpost aus Ridderströms Fernsehzeit – insgesamt zweihundertundsechzig Leitz-Ordner in vier großen Metallschränken. Ein ganzes Forscherleben zwischen fünfhundertundzwanzig Aktendeckeln, ein Berg von Papier und

Klarsichthüllen, Banales, Bedeutendes, Privates, Kurioses, Geordnetes, Chaotisches, Gereiftes und Unausgegorenes.

Wohin damit? Ich kannte niemanden, der Ridderströms Biographie schreiben wollte. Seine Witwe, Frau Vera Ridderström-Kalitz, wiewohl selbst Biologin, war an den Unterlagen nicht interessiert – was mich ein wenig befremdete – und stellte anheim, einen Container kommen zu lassen und in einer Art kühnem Befreiungsschlag alles fortzuwerfen. Diesen Vorschlag lehnte ich freundlich, aber bestimmt ab. Das Archiv eines verstorbenen Akademikers zerstören heißt, den Forscher in ihm postum noch einmal zu töten.

Weiß Gott, und doch hätte ich ihren Rat befolgen sollen – was wäre mir alles erspart geblieben! Ich aber wollte retten, was zu retten war. Für Teilgebiete eines so umfangreichen Nachlasses gibt es immer irgendwelche dankbaren Spezialisten – man muß sie nur kennen oder ausfindig machen. Jedenfalls begab ich mich im Herbst an die Sichtung des Materials, eine wahre Sisyphos-Arbeit, die mir nur insofern entgegenkam, als ich im September des gleichen Jahres emeritiert worden war und mit der neuen Aufgabe einem möglichen Pensionsschock entgegenwirken konnte. Zunächst numerierte ich die Ordner durch . . .

Ach, ich schwafele, Zeiselmann . . . Immer dieses Herumgerede, dieses Ausweichen und Verdrängen! EIN MORD WURDE BEGANGEN, darum geht es, darum schreibe ich Ihnen aus der Gruft! DAS fand ich heraus, als ich in Ordner 199 neben einer Chemikalienbestellung für Ridderströms Labor ein in Plastik eingeschweißtes Manuskript entdeckte, es öffnete und las! Ein Mord, Herr Pfarrer, jawohl! Und ich, Wendelin Baumgarten, steckte nun mittendrin in einer Krimi-

16

nalaffäre. Ich kannte sogar die Person, die den Mord begangen hat und kenne sie noch immer: Keine dreißig Kilometer von hier übt sie bei bester Gesundheit diverse Ehrenämter aus!

Seit dreieinhalb Jahren überlege ich Tag für Tag, ob ich das Corpus delicti nicht der Polizei übergeben muß: Es wäre doch – eigentlich – eine staatsbürgerliche Pflicht, nicht wahr? Und Mord verjährt nicht! Seit dreieinhalb Jahren verschiebe ich die Entscheidung auf den nächsten Tag und habe mich damit nach den Gesetzen unseres Landes längst strafbar gemacht. Seit dreieinhalb Jahren sage ich mir, Wendelin, laß dieses Konvolut verschwinden, verbrenne es, wirf die Asche auf den Komposthaufen hinter deinem Haus, dann bist du aller Sorgen ledig, doch dann denke ich wieder, es ist eine Lebensbeichte, ein wertvolles Zeitdokument, der menschliche Hintergrund einer Persönlichkeit, die wissenschaftlich Beachtliches geleistet hat. So etwas darf man nicht vernichten, genausowenig wie die Beweismittel für eine Bluttat.

Ich bin nicht Fisch noch Fleisch, ich bin ein lauer Zauderer vor dem Herrn und gehe den Weg des geringsten Widerstands, indem ich nun die Verantwortung an Sie weiterreiche, lieber Freund. Aber ich warne Sie: Wenn Sie den beiliegenden Text lesen, sind auch Sie Mitwisser und Mitverschworener einer im Kern zutiefst verwerflichen Tat.

Sie können natürlich diese Seiten auch ungelesen zerstören – oder sie zur Polizei bringen und Justitias schweres Mühlrad in Bewegung setzen. Sollten Sie sich aber wider Erwarten doch entscheiden, das Bekenntnis zu lesen, dann – *und nur dann!* – würde ich Sie bitten, meinen zweiten Brief zu öffnen, der als Anlage (1) beigefügt ist. Das Schreiben enthält einige weitere Angaben zu jener Thematik, die im Ridder-strömschen Bekenntnis angesprochen wird. Sollten Sie danach noch das Bedürfnis verspüren, das in Anlage (2) beigefügte Tonband aus dem Diktiergerät des Verstorbenen anzuhören, so steht dem nichts mehr im Wege.

Seien Sie versichert, lieber Zeiselmann, daß mich auch postum noch das Gewissen plagt. Ich bin jetzt dort, wo man über Sein und Nichtsein anders denkt als früher, weil die Zeit keine Rolle mehr spielt – und irgendwie erfüllt mich eine heimliche Freude darüber, daß ich mich in dieser anderen Sphäre schon ein wenig auskenne, während Sie, Zeiselm., noch immer sonntags vom Jenseits predigen, obwohl Sie davon, wie ich inzwischen weiß, nicht die geringste Ahnung haben.

Nichts für ungut, das galt ein langes Erdenleben lang auch für mich! Mein Trost: Die hiesigen Schnabelkerfe sind gänzlich unerforscht. Arbeit für eine Ewigkeit – *meine* Ewigkeit!

Trinken Sie ein Glas guten Piesporters auf mich.

Es grüßt Sie, alter Freund
Ihr
Wendelin Baumgarten

Anlage (1): Manuskript Ridderström
Anlage (2): Tonbandkassette aus Diktiergerät Ridderström
Anlage (3): Handschriftliche Aufzeichnungen Ridderström

HANS-ANDERS RIDDERSTRÖM

Mein Bekenntnis

I.

Im Original
autobiographisches Manuskript
des Zoologen und Fernsehmoderators
Hans-Anders Ridderström,
1933–1995

18.4.1995

Nie hätte ich gedacht, daß Sterben so leicht ist.

Blütenweiß sind Laken und Kopfkissenbezug, in spiegelndem Silberglanz funkelt das Metallgestänge des Beistelltischchens mit dem blitzsauberen ausfahrbaren Tablett, das die Schwester über mein Bett schwenkt, wenn sie das Essen bringt.

An der weißen Wand gegenüber hängt kein Kreuz mehr – es wurde auf meine Bitte hin entfernt –, sondern ein großer Farbdruck von August Mackes *Promenade*, ein Bild, das mich zeit meines Lebens immer wieder in seinen Bann gezogen hat: Da ist die Dame, statisch und doch so beschwingt, schwebend-leicht und doch unbewegt wie in einer Momentaufnahme von großer Beliebigkeit, gertenschlank wie Gisèle, meine erste große Liebe. Der Herr zur Linken, man sieht ihn nur im Profil, neigt sich ihr zu. Er trägt den weißen Hut mit schwarzem Band. Jedem Pinselstrich wohnt Sonnenlicht inne, ein Glanz von innen heraus, der auch die Schatten noch strahlen läßt. Das Bild symbolisiert für mich eine Zeit und einen Ort, da ich *Flaneur* hätte sein wollen – eine Lebensform, die mich immer lockte und für die ich, davon bin ich bis heute überzeugt, auch begabt gewesen wäre. Allerdings weiß ich nicht, ob es den Flaneur im Zeitalter des Computers noch gibt – *mir* jedenfalls fehlte, bei allem Talent, stets das letzte Quentchen Überzeugungskraft und Stil, was an meiner gänzlich unkünstlerischen Natur liegen mag. Nur manchmal, im Urlaub und auf Reisen in südliche Länder, fühlte ich mich dem Ideal nahe (vor allem wenn ich einen Khaki-Anzug und jenen hellen Sommerhut trug, der mir, je weißer meine Haare wurden, immer besser stand).

Noch heute, am Ende meines Lebens, spüre ich in Mackes tiefem Blau Lebensgier und Eros.

Das Fenster hat die Schwester vorhin weit geöffnet; wenn ich im Bad bin, wird sie kommen und es schließen und mich dabei durch die angelehnte Tür fragen, wie es mir geht und ob sie mir in einer halben Stunde meinen Tee bringen darf. Draußen strahlt die Sonne hell, klar und rein; es ist April und die Woche, in der sich die jungen Buchenblätter entfalten wie frisch geschlüpfte Schmetterlinge. Sie tragen das zarte, weiche Grün, das mich an die geschmeidige Haut junger australischer Grasschlangen erinnert. In dieser Woche, das hatte ich mir ... – nein, vornehmen kann man sich so etwas nicht, aber ich hatte es in meiner detaillierten Lebensplanung schon vor vielen Jahren einmal gewissermaßen ideal-typisch vorgesehen – in dieser Woche wollte ich sterben, und siehe da, es wird mir wohl gelingen.

Sterben ist leicht.

Ich schließe die Augen. Mackes nachglühende Figuren lösen sich in jenem leuchtenden Orange auf, mit dem das von durchbluteten Lidern gefilterte Sonnenlicht meine Blindheit füllt.

Mir ist warm. Mein kleiner Mörder, der zwischen Bauchspeicheldrüse und Gallengängen heranwächst, verhält sich still. Wir hatten unsere Auseinandersetzungen, das kann und will ich gar nicht bestreiten; weder bin ich harmoniesüchtig noch ist er ein Gast, den ich mit offenen Armen begrüßt hätte. Aber wie das so ist in längeren Beziehungen: Man rauft sich zusammen, man lernt miteinander auszukommen und die Ziele des jeweils anderen zu respektieren. Sein Ziel ist es, größer zu werden. Mein Ziel ist es, zur Zeit des jungen Buchengrüns auf der Couch in meinem Arbeitszimmer zu sterben.

Wenn ich mein Ziel erreiche, kann er nicht mehr wachsen; das erfüllt mich durchaus mit einer gewissen Schadenfreude. Wir beenden uns, sozusagen, gegenseitig.

Was bleibt zu tun? Meine Verhältnisse sind geordnet. Ich hinterlasse meinen Nachkommen eine geräumige Eigentumswohnung mit Garten in ruhiger Lage, einen Wagen der gehobenen Mittelklasse und ein knapp sechsstelliges Barvermögen, einige solide Wertpapiere sowie eine umfangreiche Bibliothek. Ich bin sicher, meine Frau Vera, meine Enkelin Christina und der MNVOK werden damit sorgfältig umgehen. Statt Kränzen erbitte ich eine Spende auf das Konto der Gesellschaft zum Schutze der bedrohten Tierwelt. Mein Haus ist bestellt.

Zwei Fragen bleiben ungelöst.

Ich stehe auf, schlüpfe in die Pantoffeln, werfe mir den nachtblauen Morgenrock über und schlurfe ins Bad. In spätestens zehn Tagen tragen die Buchen dunkles Sommergrün. Bis dahin muß ich meine Entscheidung getroffen haben.

Ich muß den Mörder meiner Tochter überführen und, wenn es mir gelingt, entscheiden, ob ich ihn der Justiz ausliefere. Nach gründlicher Sichtung und Wertung des Beweismaterials will ich aber auch nicht ausschließen, daß ich die Tat verzeihe – sie könnte durch gute Führung abgebüßt sein. Beschließe ich dagegen, Rache zu nehmen, so muß ich mir darüber im klaren sein, daß ich damit ein neues unschuldiges Opfer schaffe.

Das Badewasser duftet nach Fichtenharz. Vera hat mir *Elvira* mitgebracht, meine Lieblingsseife; im Wasser erzeugt der Abrieb einen balsamisch duftenden Schaum.

– – –

Mein Gott, was haben wir gelacht! Maria und ich, ich und Maria, am Bosporus und am Kattegatt! Daß uns ein österreichischer Kollege den Spitznamen *Die Lachmöwen* verpaßte, war nicht besonders originell und obendrein etymologisch fragwürdig, gibt es doch gewichtige Stimmen, denen zufolge deren Name vom lateinischen Wort *lacus* = See abgeleitet ist und sich auf die »Lachen«, also jene nährstoffreichen Flachgewässer bezieht, in deren Nähe sich Lachmöwenkolonien ansiedeln. Ich habe jedenfalls noch nie eine Lachmöwe lachen sehen. Andererseits: Die Lachmöwe wurde zu unserem Firmenlogo und zierte bald unsere Briefköpfe. Ein Freund aus dem Marketingbereich drückte es folgendermaßen aus: Vogelsymbole sind positiv besetzt. Das zahlt sich aus, glaubt es mir. Er hatte recht.

Sei's drum – Maria und ich, wir lachten gerne, und wenn uns die Tränen in die Augen stiegen, dann meist nur deshalb, weil wir darüber, daß wir so lachen konnten, sentimental wurden und weinen mußten, vielleicht auch, weil wir uns über das Schicksal freuten, das uns zusammengeführt hatte. Marias Gesicht war zum Lachen geschaffen – als sich in ihren Augenwinkeln erste Fältchen zeigten, geriet sie nicht in Panik, sondern ließ diese Vorboten des Alters einfach mitlachen, nahm sie auf in eine Miene vollendeter glücklicher Zufriedenheit.

Maria-Luisa, geborene Grassi, verwitwete Blink, laut Paß bald: Maria-Luisa Ridderström geb. Grassi, für mich: Maria, für die Firma: Maria-Luisa Blink – Maria also galt, wie ich später erfuhr, als weithin beste Partie im erlauchten Kreise jener menschlichen Zugvögel, die mit den Balzzeiten von Schauplatz zu Schauplatz eilen, einander flüchtig grüßen auf Feuerland, sich dann dem Wanderalbatros zuwenden und bei der nächsten

Begegnung am Guadalquivir sagen: Haben wir uns nicht kürzlich bei der Auerhahnbalz in den Karpaten gesehen? Maria Blink, damals Ende Zwanzig, eine schwarzhaarige Schönheit selbst im moosgrünen, salzwasserbenetzten Parka, hatte vier Jahre zuvor ihren Mann verloren, den Brauer Blink aus dem Unterfränkischen, hatte seine Schulden geerbt und ein altes Fachwerkhaus in stiller Lage mit Blick auf die Fränkische Saale und Waldungen, in denen noch der Sperlingskauz schrie. Ihre Eltern, die Grassis, stammten aus Verona, lebten aber schon seit den frühen sechziger Jahren in Deutschland, zwei herzliche, gastfreundliche Menschen, die zeitlebens hart gearbeitet und ihre Liebe zu allem Lebendigen an ihr einziges Kind weitergegeben hatten.

Die Ornithologie war Marias große Leidenschaft. Sie hatte einen unglaublich scharfen Blick. Wo andere selbst mit dem Fernglas nur zitterndes grünes Laub wahrnahmen, entdeckte sie mit bloßem Auge den Pirol in der Baumkrone. Sie erkannte auf sensationelle Distanzen den weißen Überaugenstreif, der das rastlose Sommer- vom quirligen Wintergoldhähnchen unterscheidet, und unter den Greifen, die im Winter auf kahlen Feldern Mäuse jagten, erspähte sie immer am schnellsten den einen, der nicht zu den vielen Spielarten des trivialen Mäusebussards gehörte, sondern ein seltener Rauhfußbussard war.

Schön war sie mit ihren kaum zu bändigenden schwarzen Wuschellocken und dem milchkaffeefarbenen Teint, der schmalen Nase und dem für kommerzielle Schönheitskonkurrenzen vielleicht eine Spur zu breiten Mund. Aber das genügte ihr nicht (und hätte, mit Verlaub, auch mir nicht genügt). Ich mochte ihren Sinn für Ironie, eine Eigenschaft, die viele Menschen

irritiert, sogar verletzt. Eine schöne Frau, die lacht, ge-
fällt allen, und sie spontan zum Lachen zu bringen, ist
in der Phantasie des Mannes ein erster Schritt auf dem
Weg zur erhofften Eroberung. Marias *Lächeln* war durchaus spontan, dabei aber für alle, die sie nicht sehr gut
kannten, erschreckend vielsagend. Die gängigste Bot-
schaft war »Ich nehme dich nicht so ernst wie du dich
selbst« und reichte aus, um Bewerber, Bewunderer
oder auch nur Gesprächspartner, Männer wie Frauen,
zu verunsichern.

Maria besaß zudem einen ausgeprägten Ehrgeiz, der
sich immer wieder andere Ventile suchte: In einem
Jahr trainierte sie für den Marathonlauf, absolvierte ihn
in einer Zeit, die dem damaligen Kreisrekord nahe-
kam – und ließ es dabei bewenden, um im Jahr darauf
ihre literarischen Bildungslücken zu schließen. Da
sammelte sie Autoren wie Brutvogelvorkommen und
führte über sie in gleicher Weise Buch, nur um sich
nach endlos durchschmökerten Wochenenden zu fragen, was ihr inzwischen auf anderen Gebieten entgangen sein mochte. Was Männer betraf, so war sie wähle-
risch und verlangte neben anzeigenfähigen Attributen
einen leichten Tick ins Schräge oder Kauzig-Individu-
elle, einen künstlerischen oder intellektuellen Spleen,
vielleicht sogar einen anarchistischen Touch als Gegen-
pol zur durchaus nicht unerwünschten bourgeoisen
Respektabilität. Warum sie auf mich verfiel, habe ich
damals nicht begriffen, denn ich sah mich nur als streb-
samen und intelligenten, aber auch bürokratischen
und zur Pedanterie neigenden Wissenschaftler, der
seine Unsicherheit hinter Pünktlichkeit und korrekter
Kleidung verbarg.

»Ich habe auf dich gewartet«, sagte Marie mir einmal, »weil ich wußte, daß du kommen würdest. Ich

hatte kein Bild von dir, aber als ich dich sah, wußte ich, du bist es.«

Auf mich gewartet! Ausgerechnet auf mich, Hans-Anders Ridderström, Sohn eines schwedischen Vaters und einer deutschen Mutter, einsvierundachtzig groß, grünäugig und damals noch aschblond, ein freundlicher Dr. Mittellos ... Ich konnte mein Glück nicht fassen. Erst viel später gestand sie mir, was den Ausschlag gegeben hatte: die mir anzumerkende Sehnsucht nach der Bohème und der filigranen Eleganz des Flaneurs sowie die donquichottehafte Sturheit, mit der ich dieses Ideal pflegte, obwohl ich doch wissen mußte, daß es für mich nur in seltenen Sternstunden erreichbar war. Es war die feine Bruchlinie in meiner bürgerlichen Fassade, die Maria berührte und mich in ihren Augen attraktiv machte ... die Erotik einer imaginären Mensurnarbe im ebenmäßig-langweiligen Gesicht.

Wer kann solcher Liebesgewißheit widerstehen? Ich konnte es nicht, wollte es nicht, tat es nicht; allein der Versuch wäre pure Idiotie gewesen, denn einer Frau wie Maria begegnet man nur einmal in seinem Leben. Meine Liebe zu ihr wuchs langsamer, stetiger, aber in der Summe nicht weniger zielbewußt als ihre impulsive, wissende Zuneigung zu mir. Maria erweckte in mir Humor – bis dahin hatte ich gar nicht gewußt, daß ich diese unwissenschaftliche Eigenschaft überhaupt besaß.

Maria nahm mir die Scheu vor den Menschen, indem sie mir riet, ihre Gesichter mit Tiermienen zu vergleichen. Ich erinnere mich an eine längere Eisenbahnfahrt; ich glaube, wir fuhren zu einem Kongreß nach Brüssel. In Köln stiegen drei Manager aus, die uns seit Frankfurt gegenübergesessen hatten. Kaum hatten sie das Abteil verlassen, sah Maria mich an und fragte:

Der Linke? – Windhund, sagte ich. – Der in der Mitte? – Elchbulle. – Der Rechte? – Dreizehenfaultier. Maria lachte und kramte aus ihrer Handtasche einen Zettel hervor, auf dem stand: *v. l. n. r.: Fischotter, Bison, junger Orang-Utan.* Mir halfen diese Vergleiche vor allem im Umgang mit Autoritätspersonen: Indem ich sie vertierte, wurden alle hohen Tiere menschlicher.

Lassen Sie einem glattrasierten Gesicht einen Pelz wachsen, der Stirn und Nase überwuchert, und schon wird aus einem gestylten Manager mit Fitneßstudiodauerkarte ein schlanker Mandrill. Wir Zoologen und Veterinäre haben Tierkadaver seziert und kennen daher das Innenleben des Menschen fast so gut wie die Gerichtspathologen, denen trotzdem immer wieder entscheidende Indizien entgehen. Wer an einem geschäftigen Samstagvormittag drei Stunden lang durch eine großstädtische Fußgängerzone flaniert, begegnet nach meiner Schätzung durchschnittlich zwei oder drei unerkannten Mördern beim Wochenendeinkauf.

Zoologe und Veterinär (letzteres ohne Abschluß, ich hatte nach vier Semestern das Fach gewechselt) war ich – und bin es noch immer, auch wenn ich den Beruf schon lange nicht mehr ausübe. Maria war Fotografin und Kamerafrau und brannte darauf, sich weiterzubilden; sie hatte bereits einen ersten kleinen Film verkauft. Als wir uns kennenlernten, leitete sie die Fotoabteilung eines großen Kaufhauses, doch auf Dauer hätte ihr unabhängiger Geist nie einen Chef ertragen.

– – –

»Hallo, Hans . . .« Christinas Stimme.

Ich stehe nackt neben der Wanne und trockne mich ab. »Ich komme gleich«, rufe ich. »Setz dich solange. Auf dem Nachttischchen liegt ein *Geo*-Heft mit einem tollen Fotobericht über die peruanischen Grasschneiderameisen. Das wird dich interessieren ... Du kannst dir auch ein Glas Orangensaft einschenken, wenn du Durst hast.«

»Danke, Papa, laß dir nur Zeit!«

Längst habe ich mich daran gewöhnt, daß ich ihr Vater bin, obwohl es nicht stimmt, und manchmal muß ich mich selbst zur Ordnung rufen, mir halblaut vorsprechen: »Du bist ihr Großvater, ihr Oooopa!«

Christina ist nach dem Tod ihrer Mutter Lena (meiner Tochter aus erster Ehe) bei mir und Vera aufgewachsen *wie* eine Tochter. Ich wüßte eigentlich keinen Unterschied zu nennen: Ein Enkelkind wird genauso gewickelt und gefüttert wie ein leibliches Kind. Es bringt dich als stinkendes, schniefendes, schreiendes Baby um die Nachtruhe, es entzückt dich mit seinen ersten Schritten und Worten, du manövrierst es human durchs erste und zweite Trotzalter und verhinderst mit Glück und Geschick, daß der kleine Balg unter eines der vielen Räder gerät, die so oft nur ein paar Meter neben ihm Tonnengewichte vorbeirollen lassen. Du erzählst Gutenachtgeschichten, schimpfst, wenn du es für nötig hältst, und manchmal rutscht dir die Hand aus, obwohl du prügelnde Erziehungsberechtigte verabscheust. Du legst Wert auf Pünktlichkeit, und wenn das Kind mal eine halbe Stunde überfällig ist, kriecht dir die Angst das Rückgrat hinauf und schnürt deine Atemwege ein.

Ich trete in mein Krankenzimmer, noch immer nackt und ohne Handtuch vor Bauch und Blöße. Wir haben Christina frei erzogen, Nacktheit ist für sie natürlich und normal, was nichts daran ändert, daß sie sich selbst vor uns nicht mehr auszieht, denn sie wird bald fünfzehn. Ich werde mich aber in den letzten Tagen meines

Lebens nicht mehr zur Prüderie bekehren lassen, auch wenn die Pädagogik neuerdings wieder zu mehr Zurückhaltung rät. Als Lena klein war, gab es Sechsjährige, die einem am Telefon die Frage nach Vater oder Mutter mit einem kühlen »Die vögeln gerade« beantworteten. Nein, soweit gingen Vera und ich natürlich nie, aber nackt durch die Wohnung gingen wir bis zu meiner Einlieferung in die Klinik.

Christina weiß, daß ich sterben werde und daß es nicht mehr allzulange dauern wird. (Die Buchenlaubuhr kennt sie allerdings nicht). Ihre schwarzen Haare sind glatt zurückgekämmt und werden von einem Stirnreifen gehalten. Sie hat eine wunderbare Haut, ihr Gesicht und die Waden unter dem Saum ihres schmucklosen weißen Leinenkleids sind schon jetzt, im Frühjahr, sommerbraun. Sie erinnert mich ein wenig an die jungen Mädchen in frühen Ingmar-Bergman-Filmen, und ich weiß nicht, ob meine Freude an dieser Reinheit und Unschuld echt ist oder nur Klischee, getrübt vom Hintersinn der Psychoanalyse.

— — —

Lena, meine Tochter, die nun auch schon dreizehn Jahre tot ist, war ein Kind der Liebe, aber kein Wunschkind. Doch, ja, wir sprachen einmal, kurz nachdem wir erfahren hatten, daß Maria schwanger war, über die Möglichkeit einer Abtreibung. Maria war dagegen, hätte sich aber gegebenenfalls von mir überreden lassen, und bei mir war es genauso: Kommt eigentlich nicht in Frage, aber wenn du meinst, daß du dich noch nicht bereit fühlst zur Mutterschaft ... Man bekannte sich als aufgeklärter Mann zu seiner Verantwortung, wälzte damit aber nolens volens doch wieder alles auf die Frau ab: Ihr Bauch gehörte ihr. Eine einfache Lösung, die im Grunde nichts weiter besagte als: Ich bin tolerant – und du sieh zu, wie du mit der Situation fertig wirst.

Für Maria und mich stellten sich all diese Fragen nur in der Theorie. Die Vorfreude war ungleich stärker als alle Bedenken und Einwände, und die Schwangerschaft verlief komplikationslos. Maria sprach mehrfach von einer körperlichen Runderneuerung und sagte, das in ihrem Leib heranwachsende Kind sei für sie selbst »wie ein Jungbrunnen«. Selbst in den letzten beiden Monaten war sie kreativ und überraschend agil, und als die ersten Wehen einsetzten, saß sie gerade im Schneideraum und bearbeitete einen Film.

Bei der Geburt war ich zugegen und hielt Marias Kopf. Einmal schrie sie vor Schmerzen auf, aber dann ging alles schnell, und ich spürte, wie sich ihre Gesichtsmuskeln entspannten, ehe ihr Kopf leicht zur Seite fiel. Die Lippen waren leicht geöffnet, und ich fühlte ihre Zungenspitze zart auf der Innenseite meiner Hand.

– – –

Christina erzählt mir von dem Klavierwettbewerb, für den sie sich angemeldet hat. Ihre Begabung ist erstaunlich und findet allenthalben Bewunderung – von mir hat sie das nicht, aber in Marias Familie wurde immer viel musiziert; Gianpaolo Mattirolo, Christinas Urgroßonkel, machte sich sogar einen Namen als Dirigent und Komponist.

Ihre Lehrerin – oder sollte ich sagen: Trainerin und Dompteuse ? – ist Vera.

Der Wettbewerb, an dem Christina teilnimmt, heißt *Jugend musiziert*. Den Regionalentscheid hat sie bereits erfolgreich hinter sich gebracht. Vera sagte mir einmal, was Christina von anderen begabten Kindern ihrer Altersklasse unterscheide, sei ihre überbordende Phantasie. Langfristig, wenn die Schülerin darüber das übliche Pensum nicht vernachlässige, liege darin eine Chance mit »ungeahnten Möglichkeiten« (bei diesen Worten flüstert Vera ehrfürchtig), kurzfristig sei es jedoch manchmal eher »kontraproduktiv«, weil Christina beim Üben zum Improvisieren neige, und das gehe zu Lasten der »Stringenz bei den Etüden«. Ob ich nicht »dahingehend Einfluß nehmen« könne, daß sie sich daheim »ein wenig diszipliniere«?

Das war vor ungefähr zwei Jahren. Ich war skeptisch, Vera aber nimmt Christinas Klavierspiel sehr ernst. Die Förderung ihrer Stieftochter – oder Stiefenkelin, ganz wie man will – bestimmt ihr Leben, und weil ihre Vorstellungen nicht immer mit denen des Mädchens vereinbar sind, kommt es manchmal zu unschönen Auseinandersetzungen. Ich bin die vermittelnde Stimme zwischen den beiden und ertappe mich immer wieder dabei, daß mir Christinas Trotz – »Üben ist langweilig, spielen ist schön!« – vernünftiger erscheint als Veras trotzige Vernunft, sprich: ihr musikpädagogischer Ehrgeiz.

Wie wird es weitergehen mit Christina und Vera, wenn die Buchenblätter dunkelgrün sind? Es liegt an mir. Ich habe den Schlüssel zu ihrem Schicksal in der Hand und drehe ihn unschlüssig hin und her.

– – –

Im Herbst 1962 schloß ich mein Studium mit der Promotion ab und bewarb mich um eine Taxifahrerlizenz. Die Berufsaussichten für junge Zoologen ohne Staatsexamen waren gleich null (nur heute sind sie noch schlechter). Das Lehramt hatte ich nach ernüchternden Schulerfahrungen mit neurotischen Pädagogen nie angestrebt: Ich hielt alle Lehrer für masochistisch veranlagte menschliche Punching balls, auf die von der einen Seite der ordnungs- und verordnungswütige Staat in Gestalt seiner Kultusbürokraten und von der anderen eine Horde früh- bis spätpubertärer, vom Wohlstand verdorbener oder durch chronische Armut abgebrühter Halbwüchsiger eindrosch.

Die Hochschullaufbahn blieb mir aus anderen Gründen verschlossen, trotz *summa cum laude* für meine Doktorarbeit über *Populationsdynamik und genetische Verarmung in präalpinen Inselvorkommen von Elaphe longissima.* Professor Migula, mein Doktorvater, war ein kleiner, korpulenter Mann mit spärlichem Bart- und Haarwuchs und der Andeutung eines Buckels. Seit seinem zwölften Lebensjahr interessierte er sich für die Fortpflanzungsorgane der Glattnatter, war mit sechzehn bereits eine europaweit anerkannte Koryphäe und promovierte mit dreiundzwanzig über homosexuelle und scheinhomosexuelle Verhaltensweisen der Kreuzottern seiner Südtiroler Heimat – eine bahnbrechende Arbeit, die weit über sein Fachgebiet hinaus Wirkung zeitigte: Ein Moraltheologe aus dem Hessischen fragte besorgt, ob etwa aus den »bedauernswerten Verirrungen der Kreatur die Rechtfertigung eines von der christlichen Ethik nicht gedeckten Verhaltens abgeleitet werden solle« und mahnte eine »Überprüfung der Aussagen« an. Quirin E. Migula – Studenten und Mitarbeiter nannten ihn nur »Quem« – scherte sich nicht darum. Ich habe nie einen zweiten Menschen kennengelernt, der sich so treu blieb wie er. Bis weit über seine Emeritierung hinaus war er der weltweit unangefochtene Experte für die Lustgefühle der Ottern und Nattern. Er interessierte sich für nichts anderes und wich nie auch nur einen Millimeter von dem ihm offenbar vorgegebenen Weg ab, nicht einmal, als ihm nach dem Biß einer liebestollen sudanesischen Uräusschlange der Ringfinger der linken Hand amputiert werden mußte.

Oder bereute er doch, daß ihm in seinem Leben etwas entging? Wenn es je einen Menschen gegeben hat, der Quem vorübergehend in Selbstzweifel verfallen ließ, dann war das ich – und zwar nicht als Wissenschaftler, sondern in meiner Eigenschaft als Möchtegern-Flaneur. Anders als bei seinen Kriechtieren vermochte er bei den Menschen nicht zwischen Schein und Wirklichkeit zu unterscheiden: Auf einer unserer Exkursionen in die Steinwüsten Zentralanatoliens verführte ich seine Assistentin Gisèle Eisenkolb zunächst zu einigen Zungenküssen und dann zu einigem mehr. Quem hatte Gisèle für lesbisch gehalten – ein kapitaler Irrtum; sie war keine Otter mit abweichendem Sexualverhalten, sondern eine engagierte Herpetologin, die ihren Professor bewunderte und sehr darunter litt, daß er sie als Frau nicht wahrnahm.

Ich muß mich korrigieren. Von wegen »verführte ich« . . .! Gisèle und ich, wir beide, wußten gar nicht, wie uns geschah: Unser Flirt, am Anfang flockig und unverbindlich wie die über uns hinwegtreibenden Schäfchenwolken, wuchs sich binnen weniger Tage zum erotischen Kumulonimbus-Gebirge mit gewitterhaften Entladungen aus. Die gertenschlanke Dozentin mit dem blaßblonden Bubikopf, die wegen ihrer Körpergröße von 1,89m und ihres strengen Blicks von den Studenten respektvoll »Baumpython« genannt wurde, war nicht meine erste Freundin und ich nicht ihr erster Liebhaber, doch erst, als unsere Beziehung nach drei Monaten ebenso heftig auseinanderging, wie sie begonnen hatte, konnten wir uns beide mit Fug und

Recht als in Liebesdingen erfahren bezeichnen. Zum
Schluß verdächtigte mich Gisèle, deren stets unbe-
gründete Eifersucht mitunter reizvolle Strafmaßnah-
men nach sich zog, sie mit einer jungen Mauereidech-
senexpertin zu betrügen, die am gleichen Südhang
forschte wie ich. Weil ich ihr das Gegenteil nicht beweisen konnte – die Studentin verweigerte pikiert die Aussage –, endete unsere Beziehung so schnell, wie sie begonnen hatte – vorerst jedenfalls.

Aber da war das Kind längst in den Brunnen gefallen, meine Hoffnung auf eine akademische Karriere
perdü: Quem, dem natürlich nicht entgangen war, in
welchem Zelt Gisèle ihre anatolisch-anatomischen
Nächte verbrachte, zeigte mir nach der Reise die kalte
Schulter. Daß er mir eine vollkommen harmlose euro-
päische Schlange als Promotionsthema zuwies, war eine
Degradierung, und jeder, der die Verhältnisse am Institut kannte, wußte es.

Quems Lieblingsschüler durften seine Lanzenottern
melken, die Rasselfrequenzen erregter Klapperschlan-
gen messen und seinen Reptilvoyeurismus an kopulie-
renden Königskobras nachvollziehen – ich aber spürte
drei Jahre lang im österreichischen und bayerischen
Donautal und seinen klimatisch begünstigten Seiten-
schluchten der Europäischen Äskulapnatter nach. Ich
fing die bis über zwei Meter langen Tiere, wog und ver-
maß sie und untersuchte ihre Parasiten. Ich narkoti-
sierte die Nattern, schnitt sie auf, pflanzte ihnen kleine
Sender ein, nähte sie wieder zu und peilte nächtelang
ihrem Jagd- und Lebensradius nach. Ich arbeitete die
weitverbreiteten Symptome inzuchtbedingter Degene-
ration bei isolierten Kleinpopulationen heraus und
diskutierte die Voraussetzungen einer gezielten Auffri-
schung des genetischen Materials durch Biotopvernet-

zungen und den Import geschlechtsreifer, gesunder Tiere aus Italien und vom Balkan.

Am Ende verschwand meine in Minimalauflage gedruckte vierhundertseitige Arbeit samt aller Diagramme und Statistiken in den Bibliotheken der zoologischen Institute, und ich, frischgebackener Dr. rer. nat., stand auf der Straße.

Mit meinen letzten Ersparnissen leistete ich mir eine ornithologische Studienreise in die Camargue, lernte mit Mühe den über die Jahre hin nahezu bodenfixierten Schlangenblick in Baumkronen und den blauen Himmel zu richten, verdrängte störrisch alle Zukunftszweifel – und begegnete Maria.

Zwei Monate später arbeiteten wir an unserem ersten Naturfilm unter dem Logo der Lachmöwe.

***

19.4.1995

Mit einem Schlag hatte ich eine Geliebte und Seelenfreundin, Kollegin und Mitarbeiterin – und obendrein eine Berufs- und Lebensperspektive. Schon wenige Tage, nachdem wir uns kennengelernt hatten, kamen wir auf einer Aussichtskanzel oberhalb brütender Flamingoscharen auf die Idee, die unser Leben fortan bestimmen sollte: Wir wollten den Geheimissen der Natur nachspüren, sie filmisch aufdecken und festhalten und jene Faszination weitergeben, die wir selbst empfanden. Wir waren jung und glaubten an uns und unsere Begabungen.

Zwei Wochen später, eine schwülwarme Frühlingsnacht im Fränkischen, von Unkenrufen umläutet: Ich liege auf dem Rücken. Dunkle Wuschellocken kullern über meinen Bauch, Lippen tupfen Schweißtröpfchen aus meiner Blinddarmnarbe, ein Fingernagel rillt zärtliche Hieroglyphen in meine Leistenbeuge. Lustsatt und liebesfaul lasse ich es geschehen – zu träge, um wohliges Nachschmecken schon wieder als aufregenden Vorgeschmack zu deuten. Da flüstert Maria in die Glockenunkennacht: »Wir werden Erfolg haben, Hans, Erfolg, Erfolg, Erfolg . . .«

Und hatten Erfolg, sofort.

Ein Film über das räuberische Verhalten der Glühwürmchenlarven war die erste Frucht unserer Zusammenarbeit. Wir brachten jene kleinen, versteckten Dramen ans Licht, die sich in den Frühjahrs- und Sommermonaten Tag für Tag in vielen Gärten abspielen. Die schwarzen Larven überfallen Schnirkelschnecken, indem sie sich rücklings auf deren Gehäusen festsetzen. Sie beißen ihr Opfer von hinten in die Fühler, vergiften es mit einem Sekret und saugen die gelähmte Beute aus. *Raubritter im Schneckenland* nannten wir unseren Film, der uns von einem Regionalsender abgekauft und im Vorabendprogramm ausgestrahlt wurde. Vor allem aber: Ein junger Redakteur erkannte unser Potential und gab uns einen Vertrag über drei weitere Filme.

Wir stürzten uns in die Arbeit. Marias technisches Genie und ihr unbezähmbarer Wille, jedes Problem allein und mit möglichst geringem Aufwand zu lösen, waren der Schlüssel zum Erfolg, denn wir konnten uns anfangs keine teure Ausrüstung leisten. Maria jonglierte mit Linsen, Stativen, Brennweiten, Lichtwerten, Filmempfindlichkeiten. Ich sorgte dafür, daß wir die richtigen Tiere und Pflanzen vor die Kameras bekamen und studierte die Fachliteratur über deren Lebensgewohnheiten; das hatte ich ja ausgiebig gelernt.

Es blieb nicht mein einziger Beitrag zum raschen Erfolg der *Lachmöwe TV*. Ich erkannte, daß ich nicht nur Abhandlungen schreiben konnte, die niemand las, sondern auch die Gabe besaß, komplizierte wissenschaftliche Sachverhalte in einer für Laien verständlichen Form zu erklären. In unserem dritten Film, in dem es um den Brutparasitismus bei verschiedenen geographischen Rassen des europäischen Kuckucks ging, trat ich zum erstenmal auch persönlich vor die Kamera. Da wir in der Anfangszeit aus finanziellen Gründen nur heimische Themen bearbeiteten, nannte mich Maria den »Grzimek der Schrebergärten«, was mir durchaus schmeichelte. Vor der Kamera konnte ich den Flaneur spielen, der ich immer hatte sein wollen; mein Charme reichte für dreißig bis fünfundvierzig Minuten. Nebenbei nahm ich ein Jahr lang Schauspiel- und Sprechunterricht; Maria übte mit mir und lernte mit. Am Ende konnte auch sie frei vor der Kamera sprechen. Mit ihrem Charme, ihrer Schlagfertigkeit und ihrer raschen Auffassungsgabe stach sie in schwierigen geschäftlichen Verhandlungen manch altgedienten Manager aus – und wie sie als Interviewerin maulfaulen Wissenschaftlern klare Aussagen in allgemeinverständlichem Deutsch entlockte, war eine Kunst für sich.

Der Kuckucksfilm erschien 1965. Im Jahr darauf kam Lena auf die Welt, und Maria starb.

– – –

20.4.1995

Christina sitzt auf der Stuhlkante neben meinem Bett und fängt wieder einmal an zu bohren. Sie will, daß ich ihr von ihrer »richtigen Mama« erzähle. Daß Vera nicht ihre Mutter ist, weiß sie, doch hat sie bisher nur selten nach Lena gefragt.

»Deine Mutter Lena, Christina, war gerade fünfzehn Jahre alt, als sie dich geboren hat.« »*Wow*, das ist aber jung! War sie hübsch?«

Ich muß schmunzeln. Eigentlich eine typische Männerfrage ...

»O ja, sie hatte schulterlange schwarze Haare und sah deiner Großmutter Maria sehr ähnlich – ich kann dir Fotos zeigen von den beiden, dann wirst du mir zustimmen.«

»Und warum ist sie so früh gestorben? Hatte sie auch Krebs wie du?

»Nein, Christina. Deine Mutter Lena litt an einer Krankheit, aber nicht an Krebs.«

»An was denn dann?«

»Sie war schwer krank, Christina, es ist besser, du belastest dich nicht damit.«

»Nein! Ich will es wissen! Bald bist du weg, und dann kann mir niemand mehr was über sie erzählen. Was war das für eine Krankheit?«

»Lena, gib mir ein paar Tage Zeit. Ich werde darüber nachdenken. Stell mir die Frage übermorgen noch einmal.«

»Morgen!«

»Na, gut. Laß mich noch einmal darüber schlafen.

Ich merke, daß es Christina schwer fällt ihre Neugier zu bezähmen. Ich glaube auch zu wissen, welcher Satz ihr jetzt durch den Kopf geht: Hoffentlich kratzt er nicht schon diese Nacht ab. Junge Mädchen denken oft sehr radikal.

– – –

Einige unserer Filme waren ins Ausland verkauft worden, unter anderem nach Skandinavien. Da ich fließend Schwedisch spreche – es ist ja die Sprache meines Vaters –, konnte ich mich selbst synchronisieren. Während eines Aufenthalts bei unseren schwedischen Geschäftspartnern erfuhr ich im Frühjahr 1966 von einer internationalen Expedition in die Regenwälder Guatemalas. Ein privater Sponsor und ein internationaler Pharmakonzern erhofften sich von noch unbekannten Tropenpflanzen und -tieren Grundsubstanzen für neue Arzneien, namentlich Antibiotika – damals eine Pioniertat, heute allgemein übliche Routine. Verglichen mit den Fördergeldern des Konzerns nahmen sich die guten alten Hochschulstipendien wie kümmerliche Almosen aus. Maria und ich waren inzwischen im Inlandgeschäft gut etabliert. Unsere Firma verfügte bereits über drei festangestellte und einige freie Mitarbeiter, denen man Filme über Krabbenspinnen auf Orchideen der Schwäbischen Alb und das Vordringen der Waschbären in Deutschlands Villenvororte getrost allein anvertrauen konnte.

Maria, rastlos, vorwärtsdrängend, nicht mehr durch Sparzwänge zu ständigem Tüfteln verpflichtet, als Geschäftsführerin der Firma und Mutter eines sechs Monate alten Kindes chronisch unterfordert, träumte schon lange von einer neuen Tropenreise.

Als zwei Wochen nach meiner Rückkehr aus Stockholm der norwegische Expeditionsleiter aufgeregt bei uns anrief und fragte, ob wir kurzfristig verfügbar seien, das für die Expedition vorgesehene schwedische Filmteam falle krankheitshalber aus, war Maria sofort Feuer und Flamme.

Und Lena?

Die nehmen wir mit.

Ich schickte ein Telegramm an die Expeditionsleitung. Die Antwort kam postwendend: Wir sind kein

Holiday-Camp für die Familie R. Einen Kameraassistenten billige man uns noch zu (auf den verzichteten wir dankend), ein Baby komme überhaupt nicht in Frage. Guatemala sei noch nicht einmal malariafrei. Was wir uns eigentlich einbildeten – nein, das stand so nicht in dem Telex, war aber zwischen den Zeilen überdeutlich zu lesen.

Wohin mit Lena?

Es kam zum ersten ernsten Streit zwischen Maria und mir. Sie, die Mutter, müsse in den sauren Apfel beißen und bei ihrem Kind bleiben, dachte ich und sagte es ihr auch – nicht so direkt, eher durch die Blume.

Was ich mir eigentlich einbilde? Wer sei denn die Foto- und Filmexpertin in unserem Team? Das Kind werde eben abgestillt; es könne daher auch in der Obhut der Großeltern bleiben – bei den Grassis. Falls ich tatsächlich mitreisen wolle.

Sie machte mir klar, daß auf dieser Expedition eigentlich ich überflüssig sei, was ich meinerseits als Beleidigung empfand. Ich hatte bei ihr gelernt und verstand inzwischen auch einiges von der Filmerei. So warf ich die Tür ins Schloß und verschwand für ein paar Stunden im Wald.

Am Abend entschuldigte sich Maria. Ihr Ehrgeiz sei mit ihr durchgegangen. Natürlich solle ich mitkommen, was hülfe ihr das ganze fototechnische Fachwissen, wenn ich nicht das richtige Viehzeug aufspürte?

Lena kam zu den Großeltern. Maria gab ihr noch einmal die Flasche. Der Abschied war tränenreich. Lena, die ihr ganzes waches Leben lang im Tragebeutel vor Vaters oder Mutters Brust gehangen hatte, schrie, als wäre ihr vollkommen klar, worum es ging. Maria weinte, weil ihr offenbar erst jetzt bewußt wurde, wie lange drei Monate im Leben eines gerade sechs Monate alten Kindes sind, mir liefen die Tränen, weil die anderen heulten, und meine Schwiegermutter versicherte uns zum dreißigstenmal, daß wir ihr doch vertrauen könnten, schließlich habe sie auch ein Kind großgezogen. Am Ende heulte auch sie; nur der alte Grassi war rechtzeitig im Schlafzimmer verschwunden.

Kurz vor der Abreise erhielt ich von Ruud Olafssen eine Liste mit den Namen und Adressen der Expeditionsteilnehmer. Insgesamt umfaßte unsere Truppe vierundzwanzig Personen, darunter bedeutende Botaniker und die Creme de la creme der Tropenzoologie. Viele Namen waren mir aus Fachveröffentlichungen bekannt, einer aber fiel mir besonders auf: Prof. Dr. Gisèle Eisenkolb, Institut für Systematische Zoologie der Universität Lausanne.

– – –

21.4.1995

»Dann hat die Mama ihre Mama gar nicht gekannt?«

»Nein, Christina. Oder doch. Wir wissen nur noch nicht, wieviel ein Baby von dem Menschen mitbekommt, der in den ersten sechs Monaten seines Lebens jeden Tag bei ihm ist, oder schon länger, wenn du die Zeit im Mutterleib dazuzählst.«

»Genau wie ich!«

»Richtig, du bist ja auch schon kurz nach deiner Geburt zu uns gekommen.«

»Komische Familie …« Christina lacht und denkt nach. »Aber die Mama kannte wenigstens ihren Papa. Ich kenne nicht mal den. Sie zieht eine Schnute und grinst. Ich habe nur einen Opa … und eine Vera.«

»… die alles für dich tun, mein Kind. Wir könnten deine Eltern sein.«

»Seid ihr aber nicht.«

»Das ist richtig, aber wir haben dir gegeben, was wir konnten. Wir waren nur etwas älter als andere Eltern.«

»Stimmt nicht! Martins Vater ist schon sechsundsechzig.«

»Und seine Mutter?«

»Neunundfünfzig.«

»Na siehst du – beide älter als Vera und ich!«

»Aber richtige Eltern«, feixt Christina.

– – –

Der Urwald ist ein einziges grünes Gewoge tief unter uns, so weit der Blick reicht, durchschnitten nur von drei oder vier mäandernden Flußläufen. Die Luft ist auch in dreihundert Metern Höhe noch feucht, dampfender Atem eines keuchenden Gigabiotops. Milliarden Mikroorganismen in einer Schaufel voll Urwalderde, Millionen Kleintiere, sicher auch Schnabelkerfe für Wendelin, unseren Entomologen.

Der Größere frißt den Kleineren, doch viele Kleine sind des Großen Tod. Der dumme Heuschreck ist im Ameisenhaufen gelandet, binnen weniger Minuten vom wimmelnden Leben zernagt. Im Mulm mahlen Maden, wühlen Schlupfwespen, stoffwechseln Nematoden. Ein nervöses, unentwegtes Schlingen und Verschlingen, Fressen, Saufen, Blutsaugen, Teilen und Wuchern, ein unaufhörliches Zellhaufengefick, Gebären und Sterben. Dieser Urwald ist Labor, chemische Fabrik, Freilichttheater der Affen, ist heiß, infektiös, geil und giftig. Aber wir alle, sechzehn Botaniker und Zoologen, vier Techniker, drei einheimische Helfer und ein Arzt verfallen seinem Zauber, der Kakophonie seiner Nächte, seiner Schamlosigkeit und Triebhaftigkeit.

Und irgendwann fallen Maria und ich irgendwo in

diesem Sudkessel übereinander her, und sie schlingt mich in sich hinein – o Maria, du warst meine Venusfliegenfalle, und ich dein gefangenes Insekt!

***

Der Heißluftballon ist der neueste Schrei. Sollen die Würmersammler im Malariasumpf da unten tun, was sie nicht lassen können – wir, das Team der *Lachmöwe*, sind die eigentlichen Stars dieser Expedition. Unsere Auftraggeber wollen spektakuläre Bilder. In der Hektik der Vorbereitungen war uns das noch gar nicht richtig zu Bewußtsein gekommen. Auf dem langen Flug über den Atlantik schüttete mir Ruud Olafssen, der norwegische Expeditionsleiter, nach einigen Whiskys, mit denen er die Flugangst bekämpfte, sein Herz aus: »Wenn wir euch nicht bekommen hätten, wäre das ganze Projekt geplatzt.« Und zwei Whisky später wurde er vertraulich: »Das mit dem Kind wäre notfalls auch gegangen. Wir hätten es den Geldgebern einfach verschwiegen. Lieber mit Baby als überhaupt nicht. Aber ihr habt dann ja doch noch eingelenkt. Wie geht es dem Kleinen eigentlich?«

»Es ist ein Mädchen, danke gut. Lena ist bei den Großeltern.«

Arschloch, dachte ich und wußte nicht, wen ich damit meinte, ihn oder mich.

Der Ballon ist störungsanfällig. Erst zwei Wochen nach Beginn unserer Expedition erhebt er sich wie ein riesiger Silbermond über die Baumwipfel, und ich komme mir vor wie in einem Unterseeboot. Ich fliege nur beim erstenmal mit, denn ich habe unten genug zu tun. Nein, falsch, ich fliege nicht: ich fahre. Ein Ballon fährt, das hat mir unser Schweizer Ballonführer, Pankraz Wespi, schon nach ein paar Minuten klargemacht. Aber wir fahren an diesem Tag auch nicht: Wir steigen nur und sinken wieder. Bei Flaute fährt der Ballon nicht. In allen Richtungen dehnt sich der Regenwald bis an den Horizont, unterbrochen nur durch ein Adergeflecht aus schmalen Wasserläufen, die in der Sonne glänzen wie vom Tau benetzte Spinnfäden im Morgenlicht.

Paul Hyde, der Botaniker aus Colorado, angelt sich mit einem selbstkonstruierten Pflückgerät Orchideen von flechtenüberhangenen Kronästen. Wendelin, der nicht schwindelfrei ist (das ändert sich erst später), wird das Pflanzenmaterial nach der Landung auf Schnabelkerfe hin untersuchen. Wenn er ins Schwärmen gerät und mit kindlicher Begeisterung aus der Wanzenwelt berichtet, träumt der Kommunikator in mir bereits von einer aufregenden Reportage über deren Ernährungs- und Fortpflanzungsverhalten. Ich rede darüber mit Maria, die während des Hinflugs neben ihm saß. »Süßes Kerlchen«, sagt sie, »wie seine Augen leuchten, wenn er über sein Getier redet!« Und obwohl ich damals noch gar keine eigene Sendung hatte, sehe ich mich schon als Moderator: »Diesmal habe ich, liebe Zuschauer, den Entomologen Professor Wendelin Baumgarten eingeladen, einen der führenden Experten auf dem Gebiet der Ruderwanzen, ja, ich glaube man kann mit Fug und Recht sagen: Europas Wanzenpapst ...« Drei Jahre später wird es tatsächlich eine solche Sendung geben.

Wendelin ist ein lieber Kerl, aber technisch dermaßen unbegabt, daß wir ihm nicht die einfachsten Handgriffe anvertrauen können. Die einzigen Geräte, die er beherrscht, sind sein Mikroskop und das dazugehörige Präparationsbesteck: Skalpelle, Pinzetten,

Pipetten, Fläschchen für Reagentien und Immersionsöl. Bisweilen scheint es, als habe er schon mit Messer und Gabel Probleme. Er kann weder autofahren noch schwimmen, liest aber regelmäßig in der Bibel. Manchmal nehme ich ihn in Schutz, wenn Ruud Olafssen oder jemand anders ihn entnervt anbrüllt, weil er in seiner Traumtänzerei den ganzen Betrieb aufhält.

***

Am Tag vor der Katastrophe erreichte uns eine Nachricht aus Deutschland, von den Grassis: *Lena schwer erkrankt. Bitten um sofortigen Rückruf.* Es gab damals noch keine Satellitentelefone, aber wir hatten ein tragbares Funkgerät dabei, über das wir in dringenden Fällen erreichbar waren. Ein Verbindungsmann am Zoologischen Institut in Guatemala Stadt leitete Botschaften aus Europa an uns weiter. Bis zum nächsten Telefon waren es acht Stunden Bootsfahrt auf einem stromschnellenreichen Fluß.

Maria war, als ich die Nachricht erhielt, ebenfalls nur per Funk erreichbar: Nach fast einer Woche Windstille war an jenem Morgen eine Brise aufgekommen, die endlich wieder eine ausgedehnte Fahrt über den Urwald ermöglichte. Mit Pankraz Wespi, Paul Hyde und Ignacio Chavez, einem guatemaltekischen Geographen, der jede Erhebung und jeden Wasserlauf in dieser Wildnis kannte, war sie aufgestiegen, um wie eine Besessene zu filmen und zu fotografieren. (Wir werden aus ihrem Material einen Film zusammenschneiden, der ihr postum den Naturfilmpreis der Audubon Society einbringt). Da ich wußte, wie sie diesem Tag entgegengefiebert hatte, verzichtete ich darauf, ihr die

Nachricht aus Deutschland hinaufzufunken. Es hätte weder ihr noch Lena geholfen.

Als der Ballon am Abend landet, sind ihr atemberaubende Bilder und Filmsequenzen vom Sonnenuntergang und dem rauschenden Aufbruch einer Schar Flughunde in die beginnende Nacht gelungen. Ich dämpfe ihre Euphorie mit der Nachricht von Lenas Erkrankung. Am nächsten Tag werde ich versuchen, die Grassis zu erreichen. Maria ist erschüttert, aber realistisch genug, einzusehen, daß wir dem Kind von hier aus nicht helfen können.

– – –

22.4.95

Vom Fenster aus sehe ich in den Krankenhauspark. Er fällt leicht nach Südwesten ab; ein paar Kilometer weiter in dieser Richtung liegt die Autobahn, und von dort aus kommt meistens der Rettungshubschrauber angebrummt, der auf dem Dach des Parkhauses landet. Ich weiß auch nicht, warum ich bei seinem Anblick immer an russische Kampfhubschrauber in Afghanistan und amerikanische in Vietnam denken muß und unwillkürlich den Drang verspüre, mich unter der Bettdecke zu verkriechen.

Ein gebrechlicher alter Mann schiebt unten im Park einen Rollstuhl vor sich her, in dem eine noch gebrechlichere alte Frau sitzt und hustet. Ich fühle mich doppelt so vital wie diese beiden Alten zusammen. Sterben ist leicht – wenn man die Kraft dazu hat.

Christina kommt jetzt jeden Tag und horcht mich aus; es ist wie ein Verhör. Ein Geheimnis um Lenas Tod ahnend, kreist sie mich ein, treibt mich in die Enge, provoziert mich, lobt mich mit altkluger Miene, wenn ich wieder etwas preisgegeben habe, was ich eigentlich für mich behalten wollte. Nicht mehr nur Lenas Schicksal interessiert sie, sie möchte auch über Vera alles wissen.

»Hast du sie geliebt, Hans?«

»Ja, ja, ja, Kind! Das habe ich dir doch schon dreimal gesagt. Und was heißt hier ›hast du?‹ Ich lebe noch, mein Kind!«

»War... na gut, *ist* sie die große Liebe deines Lebens?«

»Ja, äh... nein. Oder doch. In gewisser Weise...«

»Also hat Vera eigentlich nie eine echte Chance gehabt.«

Das mußte ja jetzt kommen. Ich winde mich. »Ach was, Christina, das ist... das war... Sie war... sie ist doch ein ganz anderer Mensch als Maria. Und Maria war tot. Man darf das nicht vergleichen.«

»Tu ich aber. Hast du Vera oft mit dieser Maria verglichen?«

Ich wende mich ab, suche Zuflucht in der Rolle des Todkranken, der ich bin. »Diese Maria war deine Großmutter, Kind. Mir ist nicht gut, bitte geh jetzt. Morgen sprechen wir weiter.«

Göre. Wart's ab, wie du flennen wirst, wenn die Buchenblätter dunkel sind!

– – –

Wenn deine Geliebte stirbt, stirbt auch ein Teil von dir. Tausende haben diese Erfahrung gemacht, und mir erging es nicht anders. Es ist, als habe man dir einen Arm oder ein Bein amputiert. In den Nächten quält dich der Phantomschmerz: Du tastest nach vertrauter Haut und greifst empört ins Leere. Du schnupperst vertraute Gerüche und rümpfst die betrogene Nase. Tagsüber redest du mit der Verschwundenen, bis du merkst, daß du Selbstgespräche führst. Du schläfst im Traum mit ihr und schimpfst dich beim Erwachen einen Leichenschänder.

***

Die Filmproduktion *Lachmöwe* führte ich nach Marias Tod zunächst mit einem Kollegen weiter, doch Maria war nicht zu ersetzen. Ihr technisches Engagement, ihre Begeisterungsfähigkeit und ihr rastloser Arbeitseifer hatten die Firma zu dem gemacht, was sie war. Im Studio, im Büro, überall hatte ich das Gefühl, sie sähe mir über die Schulter, machte einen Verbesserungsvorschlag, flüsterte mir neue Pläne ein, die ich ohne sie nicht realisieren konnte. Die Mitarbeiter waren Profis und hielten den Laden aufrecht. Für mich wurde die Arbeit zur Qual.

Als mir im Herbst 1969 die private Fernsehproduktion *CREA-TV* das Angebot macht, eine neue Tiersendung zu moderieren, überließ ich die Federführung bei der *Lachmöwe* meinem Teilhaber und nahm den Job an.

– – –

23.4.1995

Christina fragt: »Woran ist meine Mutter gestorben?«

»An einer Krankheit, Christina«, lüge ich.

»An welcher?«

»Sie nahm Drogen. Am Ende setzte sie sich den Goldenen Schuß. Heroin.«

Christina schweigt, wendet sich ab. Ich spüre, daß sie sich nur noch mit Mühe beherrscht.

»Ich hätte es dir gerne erspart, Christina, aber du hast darauf bestanden, du wolltest es unbedingt wissen.«

Lüge, Lüge, Lüge. Kalter Schweiß steht mir auf der Stirn. Sterben ist leicht, die Wahrheit eine Zumutung. Die Frau, die dich mit mütterlicher Fürsorge aufgezogen hat, ist die Mörderin deiner Mutter.

Ich schweige.

— — —

24.4.1995

»Hans?«

»Christina?«

»Ich möchte dich was fragen.«

»Du stellst mir doch schon seit Tagen unentwegt Fragen.«

»Aber diesmal will ich eine ehrliche Antwort.«

»Frag.«

»Okay. Damals, als die Oma Maria da unten in … wo?«

»In Guatemala.«

»Ja, in Guatemala. Als sie … diesen Unfall hatte, da war meine Mama doch noch ganz klein, oder?«

»Ja natürlich, das weißt du doch. Sie war ein Baby.«

»Wie alt?«

»Sechs Monate.«

»Und ihr habt sie allein gelassen?«

»Sie war bei den Großeltern sehr gut aufgehoben. Diese Reise war eine einmalige Chance für uns. Beruflich, meine ich … Wenn man ein Kind hat, muß man auch beruflich seine Schäfchen ins Trockene bringen.«

»Karrieregeil, was? Darf man ein Baby einfach so alleinlassen? Wozu gehen Frauen eigentlich in Mutter-

50

schutz und Erziehungsurlaub? Wie hat meine Mama . . .
Lena . . . reagiert, als du dann – ohne Maria – nach
Hause gekommen bist?«

– – –

Wie war das mit Marias Unfall? Ich stelle fest, daß ich
vieles vergessen habe, was mit den Ereignissen zusammenhing. Aber was gab es schon zu vergessen, damals
in diesem verfluchten egelverseuchten Dschungel?
Was man nicht weiß, kann man nicht vergessen.

Tatsache ist, daß niemand gesehen hat, wie Maria zu
Tode kam. Durch wiederholte Kollisionen mit Felsvor-
sprüngen und Buschwerk war die Wucht des Sturzes ein
wenig abgefangen worden. Ziemlich weit unten hatte
ein vorragender Ast ihre Bluse seitlich aufgeschlitzt und
eine dreißig Zentimeter lange Wunde gerissen. Man sah
blutverschmierte Haut und eine freiliegende weiße
Rippe. Insgesamt wurden im Krankenhaus neben den
tödlichen inneren Verletzungen acht Brüche festgestellt, darunter der eines Halswirbels. Hätte Maria über-
lebt, wäre sie querschnittgelähmt geblieben.

Schuld an allem war im Grunde dieser verdammte
Heißluftballon, mit dem wir in weit abgelegene, für
frühere Forscher unzugängliche Regionen vorstoßen
konnten. Bei einer Ausfahrt hatten Maria und Pankraz
Wespi am Rande einer Felsschlucht einen riesenhaften
Baum entdeckt. Unsere einheimischen Führer erklär-
ten, bei dem Standort handele es sich, da er auf der der
Schlucht entgegenliegenden Seite von einem halb-
kreisförmigen, etwa zwei Kilometer breiten Sumpf begrenzt sei, um eine Art Insel; ihres Wissens nach sei
noch nie ein Mensch dorthin vorgedrungen, zumindest kein Europäer.

Diese Auskunft wirkte wie eine Droge auf unser Team

oder, besser noch, wie eine ansteckende Seuche. Hemmungsloser Forscherfanatismus brach sich Bahn: Isolierte Gebiete verheißen Restbestände seltener oder gar neue Arten – unwiderstehliche Verlockung für jeden Forscher, der danach trachtet, sich mit der Beschreibung bisher unbekannt gebliebener Species unsterblich zu machen. Kaum hatte die Kunde von dem isolierten Flecken zwischen Schlucht und Sumpf die Runde gemacht, da geisterte auch schon das Wort »Endemiten« durch die Reihen, meist ehrfurchtsvoll geflüstert und stets eingegrenzt durch »möglicherweise«, »vielleicht«, »potentiell« oder »immerhin denkbar«.

Endemiten sind Arten, deren Vorkommen auf ein einziges Gebiet auf der Erde beschränkt ist. Eine endemische Pflanze der Pyrenäen wächst nur in den Pyrenäen und sonst nirgends. In wenig erforschten Gebieten wie Zentralamerika ist es, strenggenommen, gar nicht möglich, neu entdeckte Arten zu Endemiten zu erklären: Man kennt ja noch nicht einmal jene, die überall vorhanden sind – woher will man dann wissen, ob eine Art, die in einem abgelegenen Gebiet aufgespürt wird, nicht auch in fünf anderen einsamen Regionen ein verstecktes Dasein fristet? Doch wenn tropische Hitze, akademischer Konkurrenzneid und brennender Ehrgeiz Naturwissenschaftlern die Sinne vernebeln, kann es schon zu goldrauschartigen Exzessen kommen.

Auch Maria und ich wurden von dem Endemitenfieber infiziert, wenn auch eher indirekt: War gerade das *Entdecken* einer neuen Art als solches, egal ob Orchidee oder Schnabelkerf, jemals gefilmt worden? Abends im Zelt beschlossen wir, neben den üblichen Naturwundern von der Raupe bis zum Adler auch unsere Forscherkollegen genau im Auge zu behalten. Wir wollten die Entdeckerfreude pur filmen, die Psychologie des Forschungsfiebers. Wendelin Baumgarten war unser Paradebeispiel: Er bestand darauf, mitgenommen zu werden, obwohl er bis dahin jede Ballonfahrt unter Hinweis auf seine Höhenangst abgelehnt hatte. Es kam zu einem Streit zwischen Wespi, der in ihm ein Sicherheitsrisiko sah, und Ruud Olafssen, der eine Beschwerde Wendelins bei den Auftraggebern fürchtete. Schließlich einigte man sich darauf, daß unser Schnabelkerfolge eine Testfahrt unternehmen solle. Er überstand sie mit zusammengebissenen Zähnen und durfte mit. Der Forschertrieb hatte den Schwindel besiegt.

Wespi hatte einen halben Tag lang das Gebiet in niedriger Höhe überfahren und eine Landung ausgeschlossen: Die Vegetation war lückenlos, und im Sumpf konnten wir nicht fußen. Es blieb nur eine Möglichkeit: Wir mußten den Ballon im Astwerk eines Baumes vertäuen und uns von dort auf den Boden abseilen, anders war die Land-Insel, die wir zu Ehren des unermüdlichen Schweizers »Pankrazia« nannten, nicht einmal aus der Luft zu erreichen.

**

Was hatten wir uns auf diese Konstruktion eingebildet – eine stabile Beobachtungsplattform aus Holz und Aluminium in der Krone des großen Baumes, gewissermaßen das Zwischenlager zwischen Gondel und Erdboden. Während unten geforscht wurde, parkte über uns der Ballon. Spannend war es: Einmal schlug das Wetter allen Voraussagen zum Trotz um. Ein Sturm kam auf, und an eine »Heimfahrt« war nicht zu denken. Zwei Tage und zwei Nächte lang mußten wir, nur notdürftig gegen den sintflutartigen Regen geschützt, auf unserem Vorposten zubringen. Einen Zoologen konnte das freilich nicht schrecken: Wir nutzten die Gelegenheit zur Suche nach nachtaktiven, feuchtigkeitsliebenden Raritäten wie Erdwürmern und Egeln und wurden reich belohnt.

***

Als ich nach Hause kam, lag Lena mit Meningitis in der Kinderklinik. Sie hat mich vermutlich gar nicht erkannt. Es ist müßig, darüber nachzudenken, ob Lena auch erkrankt wäre, wenn wir auf die Reise verzichtet und sie bei uns behalten hätten – wahrscheinlich nicht, glaube ich, denn dieses Virus schwirrte halt irgendwo bei den Großeltern herum und wäre ihr bei uns erspart geblieben.

Wäre, hätte ... Lena überstand die Krankheit und kam zu mir.

Der Mensch und der Mann in mir waren nach dem Tod Marias abgestorben – mir war, als hätten sie sich wie Trichinen mit einer Kalkschale umgeben und tief in meinem Fleisch abgekapselt; meine Gefühle waren ›dormant‹, würden wir Zoologen sagen. Mensch und Mann im Winterschlaf der Trauer.

Mein Organisationstalent war glücklicherweise nicht von der allgemeinen Erstarrung betroffen: Ich hatte meinen Beruf, ich hatte Lena, das Kleinkind, ich fand mich zurecht. Ich verlegte mein Büro ins Haus, so daß ich einen Großteil meiner Arbeit daheim erledigen konnte. Das Kinderzimmer grenzte unmittelbar ans Büro, die Tür stand meistens offen, es sei denn wir hatten Besuch – Lena oder ich.

Im übrigen wurde mir schon bald klar, daß alleinerziehende Väter von Kleinkindern zu den privilegiertesten Bevölkerungsgruppen unseres Landes gehören. Freunde helfen mit Frau und Kind: Laß deinen Balg ruhig bei uns, wir haben am Wochenende Kindergeburtstag, da fällt er nicht auf . . . Männliche Kollegen stellen dir ihre Ferienwohnung zur Verfügung: Damit du dich mal in Ruhe mit deiner Freundin treffen kannst, du armer Hund, du . . . Ich hatte gar keine Freundin, als mich dieses Angebot erreichte, also fuhr ich mit Lena in den Bayerischen Wald und sprach nur von »reizender weiblicher Begleitung«, als ich mich später bei meinem Gönner bedankte. Er sah mich verschwörerisch an. Es hätte mir wehgetan, seine Phantasien zu zerstören.

Und erst die Frauen! Ihre Hilfsbereitschaft war grenzenlos: Wenn ich Lena ins Studio mitnahm, stürzten sich jedesmal mindestens drei Damen auf sie und verwandelten sich in junge Mütter, ältere Schwestern oder rüstige Omas wie der Kalif in den Storch. Brachte ich Lena beim nächstenmal nicht mit, weil ich einen Babysitter gefunden hatte, verschwanden bereitliegende Rasseln und Stofftiere dezent in Schreibtischschubladen. Erstmals spürte ich, wie albern und deplaziert es war, unbedingt Flaneur sein zu wollen. Der hilflose, bemühte Vater mit verknöpfter Strickjacke paßte viel besser zu mir und war um ein Vielfaches erfolgreicher. Ich lernte in kurzer Zeit so viele Frauen kennen wie nie zuvor in meinem Leben – im Supermarkt, auf dem Spielplatz, beim Wandern drunten am Fluß. Lena war wie ein Bündel öffentlich zur Schau gestellter Leumundszeugnisse: Der Mann ist harmlos, das Ordnungsamt. Hat keine Vorstrafen, die Polizei. Trinkt nicht und raucht nicht, die Guttempler. Lebt in wirtschaftlich soliden Verhältnissen, die Schufa. (Heutzutage käme sicher noch hinzu: Der Spinatfleck am Revers stammt aus biologischem Anbau, das Gesundheitsamt.) Jawohl, Sie haben recht, liebe Spaziergängerin: Er ist es, leibhaftig! Dr. Hans-Anders Ridderström, unser Tieronkel! Ihre *CREA-TV* …

Ich nutzte meine Chancen nicht. Meine Gefühle waren eingefroren, eingerostet, manchmal dachte ich: abgestorben. Selten träumte ich von Maria und unserer Liebe und wachte mit feuchtem Schlafanzug auf, das war alles.

***

Daß mit Lena etwas nicht stimmte, fiel mir erst auf, als sie in den Kindergarten kam. Sie war langsamer als ihre Altersgenossen, und wenn sie die Regeln eines Spiels wieder einmal später als alle anderen oder überhaupt nicht begriff, überkam sie der Jähzorn. Sie konnte stundenlang in einer Ecke sitzen und malen, um sich dann von einer Sekunde zur anderen und ohne erkennbaren Anlaß auf den Boden zu werfen und zu brüllen. Eines Tages nahm mich die Kindergärtnerin beiseite und teilte mir mit, es wäre besser, wenn ich das Mädchen wieder zu mir nähme; es sei noch nicht reif für die Gruppe und finde sich nicht zurecht. Im übrigen sollte ich mit Lena vielleicht einmal einen Kinderpsychologen konsultieren.

Damals befolgte ich ihren Rat noch nicht. Es mag an der generell skeptischen Einstellung unserer Familie gegenüber der Psychologie und den Psychologen gelegen haben. Meine Mutter, die verhinderte Sängerin, empfahl mir schon in jungen Jahren, meine künstlerischen Neigungen »auszuleben«, dann könnte ich auch »in schweren Zeiten« auf die Hilfe der »Seelenklempner« verzichten. »Singe, mein Junge«, tönt es mir noch

im Ohr. »Singe oder male oder schreibe ein Gedicht ...«
Gut gesprochen, Mutter... nur hast du nie einsehen
wollen, daß sich die künstlerischen Fähigkeiten deines
Sohnes auf eine gewisse Begabung zur Schauspielerei
beschränkten. Nichts ist dem Künstlertum so fremd
wie der Systematiker. Bei mir reichte es zu sechzig Minuten Selbstdarstellung im Monat: Sie nährten meine
Eitelkeit, ohne sie zu übersättigen. Musikalität fehlte
mir, und meine Liebe zur Malerei war nichts weiter als
die passive Liebe zu traumbefördernden Farben. Als
Schriftsteller versuche ich mich jetzt und hier zum erstenmal. Nein, die Heilung durch die Kunst bleibt dem
Wissenschaftler versagt, während der Versuch, sich
durch die Wissenschaft zu heilen, nach meiner Über-
zeugung in die Sackgasse der Fachidiotie führt, wo
über kurz oder lang das reale Leben in seiner Buntheit,
Unberechenbarkeit und Gefährlichkeit erlischt: Sind
Sie erst einmal Beinzähler von Tausendfüßlern, dann
klopft Ihr Herz nur noch, wenn die Zahl der Beinpaare
merklich von der Norm abweicht. Quem – und in gewissen Maße auch Wendelin Baumgarten – waren für
mich abschreckende Beispiele. Während des Studiums
und danach lernte ich Dutzende solcher emotionaler
Kümmerlinge kennen.

Aber wer weiß das schon zu sagen? Die Vorurteile unserer Eltern leben in uns weiter, wenn wir schon längst
selber Eltern sind, und wenn wir sie – oft eben erst mit
Hilfe der Psychologie – erkennen, ist es meist schon
ziemlich spät; wir haben bereits unsere vorgeprägte
Sicht weitergegeben.

Das kleine schwarzgelockte Mädchen Lena war so
entzückend, daß mir manchmal schon beim Gedanken
an sie die Tränen in die Augen traten – aus Rührung,
Vaterstolz, Mitleid mit der Halbwaise, was weiß ich?

Kann man es mir verdenken, daß ich in ihr manchmal eine Reinkarnation der Mutter sah? Ihre Nachtseiten, der Jähzorn, der sich zu Krämpfen steigern konnte, auch die verzögerte Sprachentwicklung, erkannte ich zu spät. Weil der Kindergarten sich sperrte, suchte und fand ich Kontakt zu einer Vorschulgruppe für Kinder, deren Eltern Kindergärten aus konfessionellen oder ideologischen Gründen ablehnten und statt dessen die pure Freiheit zum Dogma erhoben. Sie waren die einzigen, die Lena aufnahmen, und wenn das Kind schrie, dann schrie es bis zur Erschöpfung, und wenn es von einem anderen verhaltensgestörten Wesen blutig geprügelt wurde, dann war auch das Blutiggeprügeltwerden Teil jener allumfassenden Freiheit, von der sich häkelnde Väter und Latzhosenmütter den künftigen Weltfrieden erhofften. Nie hätte Lena in diese Gruppe kommen dürfen – nur, ich merkte es nicht rechtzeitig. Ich war blind – blind vor Trauer um Maria, blind vor Arbeitswut und Forschungseifer, mit denen ich die Totenstarre meiner Seele bekämpfte. Meine Käfersammlung wuchs in jenen Jahren um Hunderte von Exemplaren.

– – –

25.4.1995

Sie haben mich entlassen. Noch einmal haben sie die Drainagen gelegt, die die von der Geschwulst blockierten Gallengänge umgehen. Damit komme ich ein paar Tage lang zurecht, ehe die Selbstvergiftung wieder einsetzt. Dann wird die Prozedur in der Klinik wiederholt – das jedenfalls meint der behandelnde Arzt, ein ehrlicher Mann im Grunde, aber in Fragen einer Lebenserwartung, die sich in Tagen oder Stunden mißt, genauso verklemmt wie alle anderen. Ich esse kaum noch etwas. Wenn ich allein bin, sitze ich am Schreibtisch und ordne meine Papiere. Manchmal greife ich mir wahllos einen Aktenordner aus dem Archiv; jedes Projekt hat seinen eigenen, jede Reise läßt sich an Hand von Karten, Fotos, Skizzen und Berichten nachvollziehen. Es berührt mich seltsam, daß diese ganzen Unterlagen in ein paar Tagen Makulatur sein werden. Man wird sie wohl aus Pietät nicht sofort wegwerfen. Vielleicht setzt der Verein einen Nachlaßverwalter ein, der die persönliche Spreu vom wissenschaftlichen Weizen trennt. Ich werde nachher Phöge anrufen und ihn schon mal vorwarnen.

– – –

Vera. Wie schwer es mir fällt, über sie zu schreiben. Vera lebt und wird weiterleben. Sie ist sachlich, klug, behördenerfahren, die stets trostbereite, kaum je trostbedürftige ältere Schwester und Freundin. Frauen mögen sie, vor allem die intelligenten.

Vera Kalitz, Lehrerin für Biologie und Musik an einem Gymnasium und Pianistin aus Leidenschaft, sieben Jahre jünger als ich. Die Kämpferin, der nie etwas geschenkt wurde. Vera, die mich aus meinem endlosen Kummerdelirium zog und doch immer – und das bekenne ich jetzt zum erstenmal offen und ehrlich vor mir selbst, obwohl ich es wohl von Anfang an gespürt habe: die immer nur zweite Wahl blieb und die mir, wäre Maria nicht gestorben, nie, wie man so sagt, hätte gefährlich werden können. Dennoch verdanke ich ihr viele schöne Jahre. Meine Erinnerungen an Maria füllten die emotionale Leere nicht zur Neige.

War Vera also Lückenbüßerin für den Restbedarf, weil sie Körperwärme, Sex und gute Gespräche gegen die Einsamkeit bot? Nicht nur. Sie half bei der Bewältigung des Alltags – und verhalf mir zu meiner zweiten Chance als Vater, die ich so sehr herbeigesehnt hatte. Aber meine zweite Chance war nur ein Abfallprodukt ihres eigenen Egoismus, und damit fand ich mich widerspruchslos ab.

Ich lernte Vera vierzehn Jahre nach Marias Tod kennen. Sie schrieb mir auf eine Folge meiner Sendung *Du und das Tier*. Es entwickelte sich eine lockere Korrespondenz, nach ein paar Monaten trafen wir uns in einem Restaurant.

Ich erinnere mich noch gut an jenen Tag. Es war die Zeit, in der mir alles, was über die unbedingt erforderliche Arbeitsroutine hinausging, ungeheure Schwierigkeiten bereitete. Der Erwerb einer Briefmarke, um ein Beispiel zu nennen, war zum unüberwindlichen Hindernis geworden, weshalb ein wichtiger Brief, fertig geschrieben, tagelang liegen bleiben konnte, und kam ich dann zufällig zu einer Marke, dauerte es weitere drei oder vier Tage, bis ich den Elan fand, den Brief mit erneuerter Datumszeile noch einmal zu schreiben, einzutüten und abzuschicken.

Was mich damals am Leben hielt, war die Routine meiner Arbeit. Besprechungen im Kollegenkreis erlebte ich wie in Trance, obwohl ich sie moderierte. Wie ein unbeteiligter Beobachter sah ich mich funktionieren; methodisch und distanziert, sicher in der Wortwahl, beherrscht von ungeduldiger Konzentration, deren Oberflächlichkeit nur mir selbst bewußt war. Ich lachte, wenn eine ironische Bemerkung es befahl. Ich aß und trank und sah fern, meine Blutwerte waren ebenso unauffällig wie mein Verhalten. Aber in mir war Nacht. Ohne das Korsett der Notwendigkeiten, in das mein Beruf mich zwängte, wäre ich untergegangen.

Da mein Terminkalender die Krücke war, die mich aufrecht erhielt, folgte ich mechanisch seinen Vorgaben, und stand ein Rendezvous darauf, so erschien ich pünktlich am vereinbarten Ort, absolvierte es und hakte es ab. Es kam vor, daß ich nach einer Stunde auf die Uhr sah.

Ich lebte nicht mönchisch in dieser Zeit. Einige Jahre nach Marias Tod hatte ich begonnen, die Kontaktanzeigen in der ›Zeit‹ und der ›Süddeutschen‹ zu studieren und eine ganze Reihe von ihnen beantwortet. Alle Frauen, die ich auf diese Weise kennenlernte, meinten es ernst: Sie waren einsam und sehnten sich nach einem nicht trinkenden, nicht rauchenden, bauch- und bartfreien, gut situierten Mann nicht unter einsachtzig, Kind kein Hindernis. Da ich alle diese Voraussetzungen erfüllte, war meine Erfolgsquote hoch. Ich genoß die romantischen Anfänge bis hin zur zehnten oder zwölften gemeinsamen Nacht, dann überkam mich graues Ennui. Nie ergaben sich neue Perspektiven; vielmehr kehrte hartnäckig die Erinnerung an Maria zurück, so daß ich mir bald vorkam wie ein notorischer Ehebrecher. Als problematisch erwies sich auch meine Bildschirmpräsenz: Nie konnte ich sagen, ob eine Frau den echten Hans-Anders Ridderström mochte oder bloß dessen TV-Prominenz. Stets erfuhr ich spätestens bei der dritten Begegnung, wie ungläubig-anerkennend der Vater oder Bruder, wie neidvoll-bewundernd die beste Freundin reagiert hatte: »Was, der Tiermensch vom Fernsehen? Hat der das nötig, Kontaktanzeigen und so? Bist du sicher, daß es wirklich *der* Ridderström ist?«

Die Frage war also eher die, wie ich meinen Annoncenbekanntschaften zu verstehen gab, daß mir an einer Fortsetzung der Beziehung nicht gelegen sei. Merkwürdigerweise ergab sich das meist ganz von selbst: Ich übertrug mein inneres Ennui nach außen. Ich war langweilig. Prominenz hin oder her – mit einem Mann, bei dem man voraussagen kann, daß er auch am Samstagmorgen pünktlich um 7.35 Uhr die dritte Seite der Zeitung liest und sich danach in sein Labor zurückzieht, um unter der Lupe Käferfühler zu vergleichen, hält es keine Frau längere Zeit aus. Bei den meisten endet die Naturliebe, die in den veröffentlichten Selbstbeschreibungen selten fehlt, an den Schwellen der Wissenschaft. Ausgenommen sind die chaosgeschädigten Expartnerinnen von Säufern, Künstlern und Intellektuellen, die in ihrer unstillbaren Sehnsucht nach berechenbaren Ordnungsfaktoren selbst Käferzangen und Wanzenpenisse bereitwillig akzeptieren.

***

Daß Gisèle Eisenkolb, die große Schlangenexpertin und Meisterschülerin des unvergessenen Quirin E. Migula, damals im Urwald von Telauticapu dabei war, gehört zu den Dingen, die ich im Laufe der Jahre fast aus meinem Gedächtnis verbannt habe. Ich wollte es nicht mehr wissen, also vergaß ich es, jahrzehntelang. Was ich im folgenden wiedergebe, ist das Ergebnis einer mehrtägigen mentalen Recherche im Krankenbett, erleichtert und gefördert durch das bekanntlich äußerst luzide Erinnerungsvermögen des Sterbenden im Angesicht des Todes.

Maria wußte von der ebenso kurzen wie leidenschaftlichen Affäre, die Gisèle und mich einst in Anatolien zusammengebracht und für einige Zeit verbunden hatte. Es störte sie nicht; sie selbst hatte ja eine kurze, glückliche Ehe hinter sich. Ich glaube, sie war sogar ein wenig neugierig auf die Frau, die mich vor Jahren so in ihren Bann gezogen hatte. Im Flugzeug über dem Atlantik ging sie auf Gisèle zu, setzte sich zu ihr, sprach mit ihr. Worüber sich die beiden unterhalten haben, habe ich nie erfahren. Ich selber brachte es während des gesamten Flugs gerade fertig, Gisèle ohne Lächeln zuzunicken, als sie auf dem Weg zur Toilette an meinem Sitz vorbeimußte.

Ob Gisèle schon vor der Reise wußte, daß ich verheiratet war und meine Frau auch an der Expedition teilnahm, kann ich ebenfalls nicht sagen; aus dem Verzeichnis, das man uns vor dem Abflug zugesandt hatte, ging jedenfalls nicht hervor, daß Maria meine Frau war, denn in ihrer Eigenschaft als Geschäftsführerin der *Lachmöwe TV* nannte sie sich Maria-Luisa Blink.

Gisèle trug Kontaktlinsen, die ihre Augen strahlen ließen; ihre wissenschaftliche Kompetenz, ihre Intelligenz und Schlagfertigkeit waren faszinierend wie eh und je, und hinter allem, was sie tat und plante, steckten Kraft und Zielstrebigkeit. Gleich am Anfang unserer Arbeit im Dschungel erledigten wir zu dritt unser Schlangenpensum: Ohne unheimliche und/oder dramatische Bilder von Gift- und Riesenschlangen hätten wir uns daheim nicht blicken lassen dürfen. Also drehten wir zunächst die Pythonstrecke: Pythonschlange fängt Opossum, würgt Opossum, frißt Opossum – ja, ich gebe zu, es war eine gefangene Schlange, die von unseren Kollegen am Institut in Guatemala-Stadt sieben Wochen lang auf Diät gesetzt worden war, und das Opossum hatten wir mit einer Lebendfalle gefangen, ehe wir es in unserem Freiland-Studio, dem kleinen Gehege am Rande unseres Camps, diesem Monster zum Fraß vorsetzten – Herrgott, so entstehen nun einmal viele dramatische Naturfilmsequenzen! Man kann doch nicht warten, bis so ein Tier im Urwald endlich geruht, hungrig zu werden! Es folgte die Buschmeisterszene (Buschmeister kriecht aus Loch, nimmt Witterung auf, peilt, bleckt Giftzähne, schnellt vor, beißt Maus, frißt Maus). Wie Gisèle mit diesem äußerst gefährlichen und aggressiven Kriechtier aus der Familie der Grubenottern umging, war bewundernswert: Quemscher Sachverstand gepaart mit weiblicher Eleganz und Intuition. Maria führte still und konzentriert die Kamera; bei aller Begeisterung für die Natur mußte sie gegen eine alte Schlangenphobie ankämpfen.

***

Ich konnte während der ersten Tage der Expedition meine Befangenheit nicht ablegen. Meine Gespräche mit Gisèle beschränkten sich strikt auf das Berufliche. Ich wollte alle Zweideutigkeiten vermeiden, allen Gelegenheiten aus dem Weg gehen, und das gelang mir auch – mit einer Ausnahme.

Es war an jenem verhängnisvollen Tag, an dem das Unglück geschah. Maria war mit den anderen nach Pankrazia unterwegs, während ich – dem die Hysterie um das vermeintliche Endemitengebiet zusehends auf die Nerven ging – ein kleines Bachtal in der Nähe unseres Camps erforschte. Mir schwebte vor, das mehrfach verästelte Tälchen, das sich in die Landschaft gegraben hatte wie der Fraßgang eines Borkenkäfers ins tote Fichtenholz, als Gesamtbiotop darzustellen: Ich wollte zeigen, wie sich das scheinbare Chaos aus Myriaden von Einzellebewesen vom Affen über Vögel, Frösche, Käfer und Spinnen bis hin zu den Würmern und Strahlentierchen im Boden, vom mächtigen Baum über die Orchidee bis zum holzverzehrenden Pilz, bei näherer

Betrachtung als wunderbar aufeinander abgestimmte, sich selbst erhaltende Lebensgemeinschaft entpuppt. Dazu benötigte ich natürlich die Hilfe der jeweiligen Experten, doch zunächst wollte ich mich allein mit der Topologie des Geländes vertraut machen.

Aber war es wirklich Zufall, daß ich in der Abgeschiedenheit dieses Tals Gisèle begegnete? Warum war sie nicht in Pankrazia? Warum stapfte sie in kahkifarbener Bluse, Jeans und Trekking-Stiefeln im gleichen Quellsumpf herum? Damals stellte ich mir die Frage nicht, heute beantworte ich sie mir so: Zufälle haben keine Absichten, sie ereignen sich und können verrückte Folgen zeitigen, aber sie fügen sich nur selten einem vorgezeichneten Willen (das wäre ein doppelter Zufall). Ich glaube inzwischen, die Begegnung war inszeniert; den letzten Beweis könnte freilich nur ein entsprechendes Bekenntnis Gisèles erbringen, doch Gisèle ist längst tot. Sie starb vor drei Jahren bei einem Autounfall in Graubünden.

Ob wir miteinander gesprochen haben, weiß ich nicht mehr. Ich glaube, es fiel kein Wort; was wir einander mitzuteilen hatten, sagten sich unsere Augen. Sie erinnerten einander, daß damals in Anatolien etwas begonnen hatte, was eben doch noch nicht zu Ende war. Wir hatten unsere Sexualität entdeckt und waren in vergleichsweise kurzer Zeit einen langen Weg miteinander gegangen: Sex bis an den Rand der Ekstase, Sex bis an die Schwelle der Liebe, Sex bis hin zur letzten Stufe vor der Erfüllung, dem kleinen Tod, wie es heißt, dem Kulminationspunkt allen menschlichen Lebens und Erlebens. Bis an die Grenze. Die Neugier darauf, was hinter der Grenze auf uns wartete, war geblieben.

Es fehlte nur noch dieses eine Mal, Krönung und Abschluß einer Beziehung, die aus vielerlei Gründen, über die wir uns wortlos einig waren, nicht zum Lebensbund geschaffen war. Die Problemlosigkeit der damaligen Trennung, das unverbindliche Auseinanderdriften, weil keiner von beiden in seiner gekränkten Eitelkeit das eine kleine Schrittchen zur Versöhnung gewagt hatte, hätten uns eine Lehre sein müssen – körperlich waren wir reif gewesen, innerlich Halbwüchsige mit noch arg verpickeltem Seelenleben.

Auf einer kleinen, sumpfigen Lichtung in Guatemalas Dschungel begegneten wir uns das erste und einzige Mal als Erwachsene, das hatte gefehlt. Wir holten nach, wozu es damals allen Hormongewittern zum Trotz nicht gekommen war. Wir erkannten einander wie Adam und Eva, nachdem der Apfel der Verklemmung endlich gefressen war. Vielleicht guckten die Schlangen zu – lange genug hatten wir Quem-Eleven damals ihre Intimitäten belauert. Wir stürzten in den Schlamm, und irgendwann, nach unbarmherzig zärtlicher und schweißtreibender, gärig-gieriger Rammelei ohne Rücksicht auf das empfindliche Uferbiotop war ein großes Rauschen in meinem Kopf, es blitzte irgendwo, ein Schatten huschte über uns hinweg, und ich verlor minutenlang das Bewußtsein.

– – –

26.4.1995

Ich spüre meine Kräfte schwinden. Langsam, aber stetig durchtränkt ein Gefühl unendlicher Müdigkeit meinen Körper, gepaart mit einem dumpfen Druck in der Nierengegend, der unentschlossen über der Grenze zum Schmerz schwebt. Eine desolate innere Schwäche breitet sich in mir aus. Ich kann sie anhalten, wenn ich eine Tasse Kraftbrühe zu mir nehme, aber es ist nur ein minutenlanger, vielleicht auch nur ein eingebildeter Aufschub. Die Schwäche nimmt ihren Ausgang von meinem Unterleib, schiebt sich träge in Venen und Arterien vor, in Muskeln, Sehnen und Organe, selbst in Zehennägel und Haare, von denen ich weiß, daß sie nach meinem Hirntod noch eine Zeitlang weiterwachsen werden.

Wenn ich eingangs schrieb, Sterben sei leicht, so muß ich diese Einlassung jetzt revidieren: nichts ist mehr leicht, wenn die Lebenskraft erschöpft ist, nicht einmal mehr der letzte Atemzug. Alles wird schwer. Folgt dem nächsten Einschlafen noch ein Erwachen? Die Blätter der Buchen schimmern im vollen, matten Sommergrün.

Ich habe Angst.

– – –

Mein Nachdenken war nicht umsonst, doch hat es die Ungewißheit, die ich jahrzehntelang verdrängt habe, keineswegs beseitigt, sondern noch verschärft. Ungeheure Verdächte keimen in mir auf. Ich weiß: Der Tod Marias *kann* ein Unfall gewesen sein. Aber es gibt auch noch andere Möglichkeiten.

Das Dröhnen, kurz bevor ich mit Gisèle in der Bewußtlosigkeit versank, war weder das Summen eines Schwarms tropischer Mörderbienen noch dumpfes Schädelbrummen nach einem sexuellen Hurrikan; der Blitz, den ich zum Schluß noch wahrnahm, kein Wetterleuchten, und der Schatten, der über uns fiel, weder Wolke noch Sonnenfinsternis.

Das weiß ich jetzt: Es war der Ballon. Maria und Pankraz Wespi fuhren zu diesem abgeschiedenen Flecken zwischen Schlucht und Sumpf, den wir Pankrazia genannt hatten. Der Blitz war die Reflexion des Sonnenlichts im Objektiv von Marias Filmkamera. Gisèle, im Delirium der Lust, hatte von all dem nichts mitbekommen. Sie hatte die Augen geschlossen, und der Ballon fuhr so schnell, daß er die kleine Bachniederung, an deren Flanken die Urwaldriesen zurücktraten, in höchstens zwei Minuten überquert hatte.

Ich denke, Pankraz war mit dem Brenner beschäftigt, so daß nur Maria uns beide da unten sah, meinen nackten Hintern zwischen Gisèles weißen Schenkeln, das Zucken und Schieben im grauen Uferschlamm, in den wir uns hineinwühlten wie Sau und Eber in die Suhle. Ich ahne, was in ihr vorging, als ihre teuren optischen Hilfsmittel die Szene voyeuristisch an sie heranzoomten. Im Gras am Rand der Schlucht hatte man neben ihrer Kamera einen zerknüllten Filmstreifen gefunden. Schon damals war darüber diskutiert worden, was Maria bewogen haben mochte, einen Teil ihres Materials mutwillig unbrauchbar zu machen, es paßte so gar nicht zu ihr. Jetzt hat die Szene Sinn: Marias Welt war zusammengebrochen – unsere Welt, unser junges Familienglück, unsere junge, erfolgreiche Firma. Erst hatte sie den unappetitlichen Beweis vernichtet. Und dann sich selbst.

Ob sie an Lena gedacht hat, als sie sich in die Tiefe fallen ließ? Vielleicht wollte sie Rache an mir nehmen für den ungeheuren Verrat: Sieh zu, wo du bleibst mit dem kranken Kind, sieh zu, wie du's ohne mich schaffst mit dieser mannstollen Schlangentante! (»-tussi« würde Christina heute sagen!) Bitte, du hast dich entschieden ... Gestern noch haben wir beide uns geliebt im strömenden Tropenregen, heute wälzt du dich mit deiner Ex-Flamme im Sumpf ... O nein, eine alles verzeihende Göttin war Maria nicht, auch wenn ich sie in den Jahren danach immer mehr verklärt habe. Sie war spontan, sie konnte vor Begeisterung über gesetzte Ziele hinausschießen und sich aus Abenteuerlust in Gefahr bringen, ich brauche nur an ihren verwegenen Fahrstil zu denken. Nervenkitzel und Todessehnsucht liegen nahe beieinander. Ein latenter Hang zur Depression war die Kehrseite ihrer Dynamik.

Ja, es ist denkbar, daß sie aus dem Schock der plötzlichen Enttäuschung heraus ihr Leben fortwarf. Denkbar ja – wahrscheinlich nicht. Wir hatten doch noch so viel vor. Sie war doch gerade erst Mutter geworden.

Aber *wenn* es so war, dann stand ich damals hinter Maria und stürzte sie hinunter – nein, nicht physisch, das halbe Expeditionsteam ist mein Alibi, aber an meiner moralischen Schuld besteht nicht der geringste Zweifel.

Alles ballte sich in diesen letzten Tagen und Stunden der Expedition zusammen; die Ereignisse überstürzten sich, die Zeit, die sonst an heißen tropischen Nachmittagen so träge dahinfließt wie allmählich gerinnendes Blut, begann zu rasen. Am Abend vor der Begegnung mit Gisèle war Ruud Olafssen ausgerastet. Er hatte nach der Entdeckung Pankrazias endgültig die Kontrolle über seine ehrgeizigen Palmen-, Pilz- und Papageienexperten verloren. Den ganzen Tag war er schimpfend auf und ab gelaufen und hatte die einheimischen Mitarbeiter von der Köchin bis zum Fährtenleser mit seinem englisch-spanisch-norwegischen Gestammel schier verrückt gemacht. Gegen Mittag bedrohte er eine junge französische Biologin mit seinem Taschenmesser. Ich hörte ihre Schreie und überwältigte Ruud gemeinsam mit einem der guatemaltekischen Helfer. Dr. Velling, unser Arzt, verpaßte ihm eine Beruhigungsspritze. Es war, rein juristisch gesehen, ein Fall von übergesetzlicher Notwehr, den ein gegnerischer An-

walt aber auch in Freiheitsberaubung und Körperver-
letzung hätte umdeuten können, denn Augenzeugen
gab es für die Attacke keine; Ruud selbst sprach, als er
wieder nüchtern war, von einem Mißverständnis und
einem hysterischen Anfall der jungen Frau. Wir ließen
ihn am nächsten Morgen mit dem ersten Ballon nach
Pankrazia fliegen – Odonatologe, der er war, wollte er
die Libellenfauna des Gebiets erkunden. Daß er auf
mich und Dr. Velling nicht gut zu sprechen war, verstand sich von selbst. Anders gesagt: Er drohte mit
»Konsequenzen«.

***

Marias Leiche wurde auf dem Grund jener Schlucht
gefunden, neben der unser Einstiegsbaum stand. Als
letzter lebend gesehen hatte sie, den späteren Untersuchungen zufolge, Konrad Bleykopff, der vorübergehend zum Baum zurückgekehrt war, um dort Proben
zu deponieren. Seine spätere Vernehmung ergab jedoch nicht die geringsten Hinweise; Maria, so sagte er,
habe ihn auf ein brütendes Königsgeierpärchen auf
der anderen Seite der Schlucht hingewiesen. Ich habe
diese Aussage nachgeprüft; sie stimmte, wenngleich ich
den Brutplatz erst nach längerer Suche entdeckte.
    Daß Maria sich selbst umgebracht haben könnte,
hielt ich anfangs für ausgeschlossen, da ihr jedes Motiv
zu fehlen schien. Maria war die Seele des Teams gewesen, immer heiter und auf Ausgleich bedacht. An einen
Unfall wollte ich ebenfalls nicht glauben – zu grausam
erschien mir ein solches Schicksal, zu hart die Strafe für
mich und das kranke Kind daheim. Ich suchte Schul-
dige, und in meiner Verzweiflung ging ich auf Ruud
Olafssen los, unterstellte ihm Jähzorn und aberwitzige

70

Rachegelüste. Ein paar Männer rissen mich von ihm fort, und Dr. Velling stellte mich auf die gleiche Weise ruhig wie am Vortag Ruud. Auch gegen den mexikanischen Lichenologen Alberto Ruíz richtete sich vorübergehend mein Verdacht. Er wäre Maria lieber heute als morgen an die Wäsche gegangen – und sie hielt ihn geschickt auf Distanz, nützte seine Verliebtheit aber auch ein wenig aus.

(Im Licht meiner neuesten Erkenntnisse will ich nicht einmal ausschließen, daß Maria aus spontaner Empörung über mein ehebrecherisches Verhalten Ruíz' ständigem Drängen nachgegeben, ihn im entscheidenden Augenblick dann aber doch wieder zurückgewiesen hat. In einer solchen Extremsituation hätte dem Mann, der nachgerade klischeehaft den heißblütigen, romantischen Lateinamerikaner verkörperte, die Sicherung durchbrennen können. Aber Ruíz, inzwischen der Nestor der lateinamerikanischen Flechtenforschung und Ordinarius in Buenos Aires, schickt mir bis heute seine Sonderdrucke.)

Läßt man seiner Phantasie freien Lauf, findet sich für jeden ein Motiv, sogar für Wendelin, der nach Bekanntwerden der Todesnachricht hemmungslos weinte. In jedem Menschen ruht der Keim für eine Mordtat, und daß er nicht aufgeht, ist oft nur dem Zufall zu verdanken. Gib ihm das rechte Milieu, und er wird austreiben und blühen.

Wahrscheinlich war es ein Unfall. Vielleicht ein Selbstmord. Vielleicht ein Mord. Für die zweite Variante wäre ich mit Sicherheit, für die dritte möglicherweise verantwortlich. Die Ungewißheit ist meine Strafe, womöglich mein Tod.

***

Die Expedition wurde abgebrochen. Ich regelte nach der Freigabe durch die Behörden in Guatemala Stadt die Überführung von Marias Leichnam, der in der Familiengruft der Grassis in Verona beigesetzt wurde. Mutter Grassi starb ein Vierteljahr später an den Folgen eines Schlaganfalls; sie ist nie über den Tod ihres einzigen Kindes hinweggekommen. Der alte Grassi wurde zum Pflegefall.

Ruud Olafssen verfiel dem Suff; er starb zwei Jahre später in einer geschlossenen Anstalt.

Mein Bekenntnis

II.

Transkription einer Tonbandkassette aus
Diktiergerät Ridderström

Vera Kalitz war Stellvertretende Direktorin eines Gymnasiums und Oppositionsabgeordnete im Stadtrat. Sie wollte von mir wissen, ob ich bereit wäre, im Rahmen eines Oberstufen-Leistungskurses über die Berufschancen von Naturwissenschaftlern in den Medien zu referieren. Mir gefiel ihre zupackende, clevere Art. Alle Frauen, die mir in meinem Leben etwas bedeuteten, zeichnete diese Eigenschaft aus: Sie schöpften ihre Kraft aus dem Selbstbewußtsein des Erfolgs. Weder Gisèle noch Maria oder Vera suchten in mir den Ernährer, Freizeitanimateur oder Altersversicherer. Ihre Unabhängigkeit gab ihnen die Freiheit zur bedingungslosen Liebe.

Ich erklärte mich einverstanden und bereitete mich gewissenhaft auf den Auftritt in der Schule vor. Bis heute ist mir nicht klar, warum mein Lampenfieber größer war als vor einer Live-Sendung im Fernsehen. Es lag wohl weniger an meiner alten Aversion gegen den Lehrerberuf, der Angst vor pubertärem Desinteresse und frecher Selbstbehauptung – Vorbehalten, die sich im übrigen allesamt als ungerechtfertigt erweisen sollten. Nein, ich denke, ich muß zu diesem frühen Zeitpunkt bereits gespürt haben, daß die Begegnung mit Vera meinem Leben eine andere Richtung geben würde.

Um als Naturwissenschaftler im Medienbereich Erfolg zu haben, sagte ich zu den Schülern, seien Schauspielkurse wichtiger als eine Eins plus in Mathematik, und zur soliden wissenschaftlichen Ausbildung gehöre der souveräne Umgang mit dem Wort. Ich regte die Einrichtung von Rhetorik- und Debattiergruppen nach angelsächsischem Vorbild an, empfahl den Besuch von politischen Veranstaltungen und sagte den Schülern, sie sollten »lesen, lesen, lesen«, von Goethes *Italieni-*

scher Reise bis zum *National Geographic.* Die beiden Besuche in der Schule verliefen in lockerer Atmosphäre; die jungen Leute stellten intelligente Fragen, und ich erklärte mich gerne bereit, im nächsten Jahr wiederzukommen.

***

Ich kann und will an dieser Stelle den Leidensweg meiner Tochter Lena nicht in allen Einzelheiten nachvollziehen. Abgesehen davon, daß mich die Erinnerung daran sehr belastet, erübrigt sich eine solche Darstellung auch deshalb, weil die Entwicklung in gewisser Weise stereotyp verlief und sich im nachhinein wie die Stoffsammlung eines Anwalts liest, der sich auf die Verteidigung eines jugendlichen Straftäters vorbereitet.

Mit Mühe hatte sie die ersten beiden Hauptschuljahre überstanden; das dritte wiederholte sie, ohne daß sich ihre Leistungen entscheidend verbessert hätten. Daß ich tief getroffen war, als mir die Lehrerin riet, sie auf eine Sonderschule zu schicken, will ich nicht verhehlen – nichts gegen Sonderschulen, aber doch nicht für *mein* Kind! Ein paar Wochen lang schmollte ich wider besseren Wissens, dann gab ich nach. Vorstellungsgespräche folgten, medizinische und psychologische Tests, und dabei stellte sich heraus, daß bei Lena außer Störungen in der Motorik auch ein Hörschaden vorlag; beides rückführbar auf die Meningitis im Babyalter. Es war spät, aber noch nicht zu spät. Der Hörfehler konnte operativ geheilt werden. Nach einem Jahr hatte sich ihr Lernverhalten so weit gebessert, daß die Hauptschule sie wieder aufnahm.

Das geschädigte Selbstwertgefühl blieb irreparabel. Mit elf wurde Lena zum erstenmal bei einem Ladendiebstahl erwischt. Mit zwölf schnitt sie sich mit einer Papierschere ihre wunderschönen schwarzen Locken ab, färbte sich die Stoppeln violett und begann zu rauchen. Mit dreizehn brachte sie eine weiße Ratte mit nach Hause, die irgendwo in ihrer Kleidung wohnte, und als die Ratte ein paar Monate darauf einging, ritzte sich Lena die Pulsadern an. Zwei Wochen vor ihrem vierzehnten Geburtstag fingerte ihr eine Polizistin zwei Gramm Haschisch aus dem Rucksack.

Warum? Warum nur? Ich wollte es einfach nicht einsehen. Hatte ich nicht alles getan, um ihr ein guter Vater zu sein und ihr die Mutter, so weit es ging, zu ersetzen? Ich, ich, ich ... Insgeheim beschwor ich einen Klageweiberchor aus meiner Fangemeinde herauf: Ach, sehet alle her, der arme Vater, unser lieber Tieronkel, und nun dieses Trauerspiel mit seiner Tochter! Er hat sie allein großgezogen – und nun das. Er war immer so lieb und zärtlich, las ihr jeden Wunsch von den Lippen ab – vielleicht hätte er sie ab und zu etwas härter rannehmen sollen, sein kleines verwöhntes Prinzeßchen ...

O ja, ihr Pharisäer, ich weiß jetzt, woran es lag, daß ich Lenas Schwierigkeiten zu spät erkannte. *Ein Ridderström geht seinen Weg.* Es war dieses Elitedenken in unserer Familie. Der pflegeleichte Aufstieg in Beruf und Karriere war vorgegeben, die Rittmeister, Ärzte, Apotheker, Anwälte und Opernsänger aus unseren Reihen bewiesen es ja: Ein Ridderström funktioniert. Daß ein Großteil dieser tatkräftigen Ahnen dem Alkohol verfallen war, blieb meist unerwähnt – und wenn man darüber sprach, dann augenzwinkernd. Echte Kerle eben, diese Ridderströms. Nach der Legende soll mein Großonkel, ein Chirurg, in einer abgelegenen Jagdhütte in Värmland eine akute Appendicitis operiert haben. Ein scharfes Taschenmesser, über brennenden Birkenscheiten sterilisiert, diente als Skalpell, eine Literflasche Aquavit dem Patienten als Narkose und dem Arzt als Mutmacher. Wer immer diese Geschichte von Großonkel Lennart erzählte, beendete sie mit der Floskel *Ein echter Ridderström eben.* Die Frauen in diesen Kreisen führten das Haus, malten oder dichteten und stellten ihre Körper der Produktion weiterer echter Ridderströms zur Verfügung. Die meisten von ihnen überlebten ihre Männer um viele Jahre und starben als tyrannische Greisinnen auf ihren Landgütern.

Schwarze Schafe, oder auch nur schwache, gab es genug, aber in den schwedischen Weiten und Wäldern fielen sie nicht sonderlich auf. Eben jener Großonkel Lennart hatte unter fünf Söhnen auch einen schwachsinnigen, doch wen scherte es? Der abendliche Suff verwischte die Grenzen. Ein anderer Verwandter von mir, Pedder-Lars Ridderström, bekannte sich in den zwanziger Jahren offen zu seiner Homosexualität (er outete sich, würden wir heute sagen), worauf man ihn mit einem ordentlichen Handgeld ausstattete und mit vielen guten Wünschen auf Nimmerwiedersehn nach Brasilien expedierte. Als Jahre später ein reisender Landsmann berichtete, Pedder-Lars sei inzwischen ein schwerreicher Nachtklubbesitzer in Rio, nickte man sich anerkennend zu und sagte: *Ein echter Ridderström eben* ...

In Deutschland fehlte der Rückraum für unsere Launen und Leiden. Von wegen Gutshof und ewige Wälder ... Hinterm Reihenhaus mit Vorgarten liegt ein Reihenhaus mit Hintergarten, und wenn du auf die Straße trittst, bewegen sich gegenüber lautlos die Gardinen. Die verdrängte Erde saugt deine Trauer nicht mehr auf, und draußen vor den Städten, wo es noch

Erde gibt, ist der Zugang reglementiert durch Schilder, Zäune und Wanderparkplätze.

Einmal nahm ich Lena mit nach Schweden. Am zweiten Tag nach unserer Ankunft war das Kind plötzlich verschwunden. Wir suchten es überall vergeblich, im weitläufigen Haus meines Vetters Oskar, im Garten, im nahen Wald. Als wir schon die Polizei benachrichtigen wollten, kam Lena mit einem Korb voller Steinpilze zurück. Sie hatte sich im Wald verlaufen und erst nach Stunden auf nie mehr nachvollziehbaren Wegen nach Hause zurückgefunden. Doch keine Spur von Angst oder Panik – begeistert erzählte sie von ihrem Abenteuer, schlief zwölf Stunden am Stück und war am nächsten Morgen schon wieder unterwegs.

»Eine echte Ridderström«, sagte Lisa stolz, Oskars Frau, obwohl sie eine geborene Jasperson war. Hätte ich Lena dort lassen sollen? Oskar und Lisa hatten sechs Kinder, da wäre ein weiteres kaum aufgefallen. Schon kurz nach Marias Tod hatte Lisa mich angerufen und sich bereit erklärt, Lena zu sich zu nehmen, vorerst jedenfalls. Bei jenem Schwedenbesuch wiederholten die beiden das Angebot. Ich lehnte ab. Ich fürchtete die Einsamkeit im Haus und wollte mir nicht nachsagen lassen, mein Kind abgeschoben zu haben.

Aber nun entglitt Lena mir, rutschte ab, fiel durch den Rost. Ihre Pubertät machte mich ratlos. Brüllte ich sie am Montag wegen einer Lappalie an, war ich am Dienstag der alles verstehende, gütige Papa, der das Füllhorn seiner Lebenserfahrung über ihr ausschüttete und sich darüber wunderte, daß sie sich schüttelte wie ein begossener Pudel. Am Mittwoch appellierte ich an die Vernunft (»Nun wirst du ja bald erwachsen«), am Donnerstag verpatzte ich einen Aufklärungsversuch (zu spät, zu gewunden), am Freitag ließ ich einen

Artikel über die Gefahren des Rauchens auf dem Küchentisch liegen (Zaunpfahl-Pädagogik), am Samstag kaufte ich ihr einen bodenlangen violetten Mantel, den sie unbedingt haben wollte, weil er zu ihrer neuen Frisur paßte. Am Sonntag ging sie früh aus dem Haus und kam nachts bekifft heim.

Im Herbst 1980 riß sie aus – mit dreihundert Mark, die sie aus meiner Schreibtischschublade gestohlen hatte. Ich suchte sie überall, gab eine Vermißtenanzeige auf, sogar im Fernsehen wurde nach ihr gefahndet. Die Ungewißheit brachte mich fast um, bei jedem Anruf zuckte ich zusammen und fürchtete, man habe irgendwo ihre zerschundene Leiche gefunden (und daß diese Leiche in meiner Phantasie der ihrer Mutter ähnelte, versteht sich fast von selbst). Nach vierzehn Tagen meldete sich Lena telefonisch und sagte, es gehe ihr gut, ich solle mir keine Sorgen machen. Wo sie sich aufhielt, sagte sie nicht.

Andere Eltern gehen zur Erziehungsberatung, fragen väterliche Freunde oder mütterliche Freundinnen, wieder andere greifen zu drakonischen Methoden vom Taschengeldentzug über Hausarrest bis zur Prügelstrafe. Hans-Anders Ridderström tat nichts. Er zog sich in seine Manuskripte und Drehbücher, sein Studio und seine Käfersammlung zurück und wartete auf die wundersame Wendung zum Guten. Trotz aller Warnzeichen ließ er sich nicht von seiner blauäugigen Tatenlosigkeit abbringen. *Ein(e) Ridderström geht seinen/ ihren Weg*. Lena ging den ihren, und niemand hinderte sie daran.

Er war nur kurz.

***

Sechs Wochen nach ihrem Verschwinden kehrte Lena zurück. Es war ein Sonntag. Ich kam nach einem Drehtermin abends nach Hause, sah das Licht im Wohnzimmer brennen, stellte vor Aufregung nicht einmal den Motor ab und stürmte, ihren Namen rufend, ins Haus. Meine Tochter lag bei laufendem Fernseher zusammengekrümmt auf dem Wohnzimmersofa und umklammerte ihr altes Rhinozeros mit dem Knopf im Ohr – sie brauchte es noch immer zum Einschlafen und wäre selbst wie ein wildgewordenes Spitzmaulnashorn auf jeden losgegangen, der gewagt hätte, es ihr streitig zu machen. Ich setzte mich zu ihr, strich ihr über den jetzt grasgrünen Schopf und fragte sie nach ihrem Befinden. Daß Lena die zaghafte väterliche Zärtlichkeit widerstandslos über sich ergehen ließ, war mehr als ungewöhnlich und beunruhigte mich. Ich legte ihr die Hand auf die Stirn.

»Bist du krank?«

Sie fing an zu weinen und preßte sich in die Spalte zwischen Polster und Sitzfläche, als wollte sie wie Rumpelstilzchen von der Erdoberfläche verschwinden. Dann drehte sie sich plötzlich um, sah mich aus verheulten Augen an und schleuderte das Nashorn knapp an mir vorbei in die Zimmerecke. Es streifte die Stehlampe, deren Schirm heftig ins Schwanken geriet, und plumpste zu Boden.

»Scheiß-Kuscheltier!« rief sie, zog den fließenden Rotz hoch und fiel mir lachend um den Hals. »Ich brauch' das beschissene Nashorn nicht mehr, Papa! Ich krieg ein Kind!«

***

81

Schon zweimal habe ich nun versucht, über Vera zu schreiben, und bin beide Male abgeschweift, mal in Autobiographisches, mal in die Schilderung dessen, wie es Lena erging, der Tochter aus gutem Hause, die das Pech hatte, nicht so gut zu tun, wie man es von ihr erwartete. Die Schicksale beider Frauen sollten sich auf fatale Weise miteinander verquicken.

***

Ein zweitesmal in meinem Leben verdichtete sich die Zeit. Damals in Guatemala in den letzten Tagen vor Marias Tod, hatten sich, wie man so sagt, die Ereignisse überschlagen. Binnen achtundvierzig Stunden war die gewohnte Ordnung kollabiert, alle gesellschaftlichen Schutzmechanismen versagten, Hierarchien brachen auf, Treu- und Ehrbegriffe zählten nicht mehr. Am Ende lag eine Tote in einer Schlucht, und erst das Entsetzen darüber brachte uns zur Raison.

Und nun wieder: Entscheidungen über Leben und Tod standen an, und ich ahnte es nicht. Naivität? Verdrängung? Kismet? Zufall? Egal: Fast zeitgleich begann für mich ein neuer Lebensabschnitt und für meine Tochter der letzte.

Ermutigt durch den gelungenen Auftritt in der Schule, hatte Vera Kalitz mich angerufen und gefragt, ob ich nicht an einem kirchlichen Seminar über *Naturschutz und Medien* teilnehmen wolle; ein Referent sei ausgefallen und die Veranstalter suchten kurzfristigen Ersatz. Die Daten paßten in meinen Terminkalender, und irgendwie freute ich mich auf ein Wiedersehen mit der kleinen, energischen Frau, von der ich inzwischen auch wußte, daß sie alleinstehend war. Ich hatte zu- und nach Lenas Verschwinden abgesagt. Nun, da

Lena wieder da war, fragte ich ohne große Hoffnung noch einmal an: Kein Problem, hieß es, der Platz sei noch frei; es wäre sehr schön, wenn ich doch noch kommen würde.

Das Haus, in dem die Seminarteilnehmer logierten, war ein altes Klostergebäude mit dicken Mauern und frischgekalkten Wänden; die Zimmer klein, mönchisch-sparsam möbliert, ohne Fernsehgerät, aber immerhin mit kleinen schwarzen Radioweckern ausgestattet – kein Wunder: morgens um sechs stand ein *Meditativer Gang durch die Weinberge mit Andacht am Mainblick (bei jedem Wetter)* auf dem Programm. Was die Weinberge hergaben, stand abends in Tonkrügen auf den Tischen, ein offener Silvaner, der einen beschwingt zu Bett gehen und morgens ohne Brummschädel aufwachen ließ.

Irgendeiner Lappalie wegen hatten Vera und ich uns im Plenum ein absurdes Wortgefecht geliefert, in dessen Verlauf sie mich, den Medienvertreter, der »sanften Weltfremdheit« bezichtigte, worauf ich ihr, der Lehrerin, riet, »mal für einen Augenblick die pädagogische Brille abzunehmen, ich bitte Sie«. Der Diskussionsleiter, ein Theologe, hob die schmalen Hände des geschulten Beschwichtigers, ließ sie wie ein Pianist vor imaginären Tasten über der Tischplatte auf und nieder schwingen und wechselte das Thema.

Am Abend kam Vera an meinen Tisch, immer noch sichtlich empört, ja fast aggressiv, wie ich verblüfft feststellte. Da noch andere Seminarteilnehmer am Tisch saßen, denen die heftige Flüster-Kontroverse ebenso peinlich war wie mir, schlug ich ihr einen kleinen Spaziergang vor. Sie stimmte sofort zu. Unter vier Augen war die Meinungsverschiedenheit rasch behoben, zumal ich mich sofort für meine Bemerkung entschuldigte und ihr für die »sanfte Weltfremdheit« ein Kompliment machte: »Da ist etwas dran, Frau Kalitz, es gibt mir zu denken.«

Es stimmte. Aus heutiger Sicht stellt sich mir meine über Jahre und Jahrzehnte kultivierte »sanfte Weltfremdheit« als mehr oder minder elegante Methode zum Abwälzen unangenehmer Aufgaben auf andere dar, deren Verwerflichkeit sich nur deshalb in Grenzen hält, weil die Betroffenen sie meist nicht als solche erkennen oder empfinden. Nichts ist leichter, als sich mit Leidensmiene ins Labor zurückzuziehen und die Partnerin mit dem Finanzamt streiten zu lassen.

Es gab einige Frauen, die mich durchschauten, lange bevor ich selber zur Einsicht kam, und wenn ich jetzt zurückblicke, waren es durchwegs jene, die mich auf Grund ihres bestimmten Auftretens, ihrer Lebensfreude und ihres gesunden Menschenverstands faszinierten. Auch Vera gehörte zu ihnen. Daß ich ihr nichts vormachen konnte, erkannte ich sehr schnell. Ihre Gegenwehr begann mit dem Vorwurf der »sanften Weltfremdheit« auf dem Seminar in Kloster Uhrlau und setzt sich bis heute fort.

Leiser Regen fiel, als wir von unserem Spaziergang ins Kloster zurückkehrten, und am westlichen Himmel wetterleuchtete es. Vera hatte mir viel von sich erzählt, und ich spürte in ihr eine Kraft, die mich gleichermaßen erschreckte wie bezauberte. Diese Frau, dachte ich, möchtest du nicht zur Feindin haben.

Vielleicht wird sie deine Freundin.

In der Nacht kam sie in mein Zimmer, verschloß sorgfältig die Tür hinter sich, streifte die Schuhe ab, setzte sich zu mir auf die Bettkante, neigte sich über mich und flüsterte mir etwas in Ohr. Sie habe nicht schlafen können und wolle mir von einer Phantasie erzählen. Ob ich etwas dagegen hätte ... Keine Angst, mit Pädagogik habe es nichts zu tun.

»Aber ich bitte Sie, Frau Kalitz«, sagte ich, viel zu überrascht, um zu erkennen, wie lächerlich die förmliche Anrede in dieser Situation klingen mußte.

Sie kicherte, nahm meine linke Hand und führte sie an ihre Wange. »Ich war schon fast eingeschlafen. Plötzlich träumte ich, Sie würden mich ausziehen, Herr Dr. Ridderström, Sie mit Ihren großen Händen! Ich fuhr auf und war ... nun, ich muß zugeben, der Traum hatte sich in einen Wunsch verwandelt. An Schlaf war nicht mehr zu denken.«

»Und nun meinen Sie, ich ... äh ...« Mir fallen die richtigen Worte immer erst nachher ein.

»Natürlich, du Idiot!« Ihre Stimme klang auf einmal heiser, als habe sie sich erkältet. »Warum, glaubst du, habe ich mich extra noch einmal angezogen?«

Die klösterliche Stille, die feuchtwarme Sommerluft, der Wein und der zwischen hastenden Wolken termingerecht strahlende Vollmond halfen uns galant über die Unsicherheiten des ersten Mals hinweg.

In der Morgendämmerung brach das Gewitter los. Stundenlang goß es in Strömen. Die Blitze zuckten in nicht enden wollender Folge, der Donner rumpelte durchs Flußtal wie Artilleriefeuer durch Gebirgsschluchten, und niemand dachte mehr an den meditativen Gang durch die Weinberge.

Vera und ich wußten die gewonnene Zeit zu nutzen. Wir liebten uns mit der Lebensgier zweier Verdurstender, die sich bereits mit dem Tod abgefunden haben, ehe sich eine vermeintliche Fata Morgana als wasserreiche Oase erweist.

***

Ich hatte Haus und Garten vernachlässigt. Die Dachrinne war mit abgefallenem Laub verstopft, so daß sich das Regenwasser bei Wolkenbrüchen sturzbachartig über die Pergola der Terrasse ergoß. Brennesseln und Großblütiges Springkraut überwucherten die ehemaligen Gemüsebeete. Da meine Sekretärin in Mutterschaftsurlaub war und ich keine Vertreterin gefunden hatte, verluderte auch mein Büro. Manuskripte, Drehbücher, Fachliteratur, Kaffeetassen und unerledigte Post türmten sich auf meinem Schreibtisch. Zwar kam einmal in der Woche eine Frau, die die Böden, das Bad und ab und an auch die Fenster putzte, doch war Frau Pellandini schon über siebzig und sah nicht mehr gut. Die zwischen Läden und Fenstern nistenden Spinnweben entfernte ich selbst, aber nicht oft genug. Anstatt täglich, wie bei meinem starken Bartwuchs eigentlich erforderlich, rasierte ich mich nur noch zweimal in der Woche.

Jahrelang hatte ich für meine Tochter und mich gekocht oder ihr zumindest, wenn ich beruflich verhindert war, im Backofen ein Fertiggericht bereitgestellt. Auch hier hatte ich in jüngster Zeit die Zügel schleifen lassen – teils aus Ärger über Lenas unberechenbare An- und Abwesenheiten, teils aus Lethargie, die ich den beginnenden männlichen Wechseljahren zuschrieb.

Beruflich wehte ein schärferer Wind. In einem anderen Sender lief seit kurzer Zeit eine Konkurrenzserie; sie wurde von einer bildhübschen promovierten Zoologin moderiert, die noch keine dreißig war und sich ausgerechnet auf dem Gebiet der Molekularbiologie auskannte, um das ich bisher immer einen weiten Bogen gemacht hatte. Systematiker wie ich hatten in diesen Jahren nicht nur an den Universitäten einen schweren Stand; man hielt unseren Zweig für hoffnungslos antiquiert. »Die Zeit des Staubgefäßezählens ist vorbei!« höre ich noch heute einen Biologieprofessor (und ehemaligen Kollegen von Vera) tönen, der im Labor eine Weltkapazität war, im Gelände aber eine Schwarzpappel nicht von einer Winterlinde unterscheiden konnte. Wie dem auch sei – ich hatte das Gefühl, als blättere der Putz von den Wänden meines Lebens, ja als bräche hie und da schon ein Stein aus der Mauer meiner Existenz.

Unser Sender wurde an einen internationalen Medienkonzern verkauft und bekam einen neuen Programmchef. Der durchforstete als erstes die Zuschauerquoten, sah, daß sie bei *Du und das Tier* seit einiger Zeit stagnierten, ließ sich weitere Statistiken vorlegen und bat mich in sein Büro.

Er gab sich jovial, ließ sich von einem Assistenten die Zahlen vorlegen und sagte: »Ridderström, Sie werden mir zu pantoffelig.« Das allein war eine Unverschämtheit; er kannte mich erst seit drei Wochen.

Ich spielte den Begriffsstutzigen.

»Verstehen Sie mich nicht? Die Alterspyramide, Ridderström.« Er blickte durch die goldgefaßte Halbbrille auf den Zettel mit den Zahlen. 63,5 Prozent der Zuschauer ihrer letzten drei Folgen sind über 50 Jahre alt. Vor einem Jahr...« Er suchte, fand. »... waren es nur 60,2 Prozent. Das geht nicht. Noch dazu bei einem Männeranteil von mittlerweile unter 33 Prozent. 32,8, wenn Sie es genau wissen wollen. Das ist unmöglich für eine prime time Sendung.«

Ich stammelte etwas von »demographischen Faktoren«.

Der Programmchef wurde ungeduldig. »Natürlich vergreist die Gesellschaft! Aber dafür planen wir ja unser Pay-TV für Senioren mit 50 Prozent medical stuff,

20 Prozent Christian revivalism, je zehn human touch und cozy animals – davon wieder fifty Proz einsame Hunde und Katzen –, der Rest Wetter und Rezepte. Ihre Sendung muß jünger werden, dynamischer, verständlicher, Ridderström, sonst landen Sie auf der Seniorenstrecke. Wissen Sie, was Orang Utan auf deutsch heißt?«

»Ja, natürlich. Waldmensch. Das kam in meiner letzten Sendung vor.«

»Eben! Aber nicht im Untertitel. *Bei den Orang Utans im Waldgebirge Borneos.* Das ist doch kalter Kaffee. Fragen Sie mal 'n jungen Skater, was er unter Orang Utan versteht. ›Kein Peil, Opa, hab ich noch nicht gecheckt‹, wird er Ihnen sagen, ›vielleicht so 'ne krasse neue Boy group, die die Keulen zum Kreischen bringt?‹[1] Ich sage Ihnen, wie der Untertitel hätte lauten müssen: *Bei den letzten Waldmenschen in der grünen Hölle,* so und nicht anders!«

»Unter der grünen Hölle versteht man gemeinhin die Regenwälder des Amazonasbeckens, Herr Dr. List.«

»Sparen Sie sich Ihre Erdkundestunden, Ridderström!« erwiderte er scharf. »Also: Schluß mit der sanften Tour. Raus mit dem Streichelzoo, rin mit adventure und danger. Bedrohte Natur? Alter Hut! Bedrohter Mensch, das ist Ihre Vorgabe ab dem dritten Quartal. In Bangladesh soll ein Tiger schon neun Rucksacktouristen gerissen haben, darunter den Sohn eines Computerpioniers der ersten Stunde. Wo waren Sie da, Ridderström?«

---

[1] Hier ist mir, wie ich beim Durchlesen feststelle, ein schwerer Stilbruch unterlaufen: Ich lasse Programmchef Dr. List die Jugendsprache der *neunziger* Jahre nachäffen, obwohl das Gespräch 1979 oder 1980 stattfand. Er versucht sich also in der Ausdrucksweise von Christinas, nicht Lenas Generation. Leider sehe ich mich außerstande, vom Krankenbett aus die korrekten Worte Lists zu rekonstruieren.

Noch zwei, drei Jahre vorher hätte ich den Kerl eiskalt abblitzen lassen und einen Sturm der öffentlichen Entrüstung entfacht. Ich kannte ein paar Journalisten, die dafür gesorgt hätten, daß der Sender mit Leserbriefen zugedeckt worden wäre. Selbst ein Boykottaufruf wäre drin gewesen.

Aber der Programmchef hatte den Zeitpunkt seiner Attacke klug gewählt. Ich hatte gebaut und dadurch höhere finanzielle Verpflichtungen. Und ich mußte zugeben, daß meine letzten drei Sendungen tatsächlich – nein, nicht schlecht waren, aber doch etwas, sagen wir, lieblos. Ich sah mir noch einmal die Bänder an. Man spürte die Routine, außerdem hatte ich mir mehr Versprecher geleistet als früher. Ich dachte an das Genuschel des alten Fernsehprofessors Grzimek, der lange mein Vorbild gewesen war, und erschrak. Das Wort pantoffelig ging mir nicht mehr aus dem Sinn. Der Beitrag über den Lebenszyklus der Teichmuscheln im Starnberger See – viel stimmungsvolles Gewölk vor der Alpensilhouette, windbewegtes Schilf, wabernde blaugrüne Algenschleier am Grunde von Anlegerpfählen, dazu irgendeine esoterische Soundstrecke ... Gähn, würg, hätten wir als junge Kerle gesagt. List hatte – leider – recht. Ich war bequem geworden.

Der bedrohte Mensch war jetzt meine Vorgabe. Also suchte ich Themen, die diesem Anspruch entsprachen. Den bedrohten Menschen in meinen eigenen vier Wänden sah ich nicht.

***

Freunde – auch gute – lagen mir schon seit langem in den Ohren, mein Single-Dasein endlich aufzugeben und mir wieder eine Ehefrau zu suchen. Die Sprüche kannte ich; derjenige, der mich am meisten ärgerte, war: »Deine Tochter braucht eine Mutter.«

Ich reagierte darauf zunehmend ungehalten. Sie habe eine Mutter und es gebe nur diese eine, auch wenn sie leider tot sei. Je älter Lena wurde und je deutlicher ihre Schwierigkeiten zu Tage traten, desto öfter fiel mir auf, wie die gleichen Leute, die früher den alleinerziehenden Vater bewundert hatten, ins andere Lager umschwenkten. »Du bist doch mit dem Kind und deinem Beruf völlig überfordert«, hieß es. Oder man wählte den indirekten Weg, indem man mich mit besorgtem Augenaufschlag fragte: »Hat deine Tochter eigentlich auch eine Ansprechpartner*in*? Eine ältere Freundin vielleicht oder eine Frau in deinem Alter, der sie vertraut?«

Alles hatte ich weit von mir gewiesen – Herrgott, ich liebte Lena, ich versorgte sie, sie vertraute *mir*, das war doch allemal besser als die tragische Vernachlässigung oder Verrohung der Kinder in tausend kranken Ehen, oder? Lange Zeit flüchtete ich mich in solche Selbstbeschwichtigungen, und als ich von ihrer Schwangerschaft erfuhr, war mein erster Gedanke: Wie schön, daß das Kind sich vertrauensvoll an seinen Vater wendet. Erst danach traf mich der Schock, daß dieser frühreife Balg im Begriff war, mich zum Opa zu machen – und es verdammt ernst damit meinte.

– – –

29.4.1995

Christina weicht kaum noch von meiner Seite. Sie weigert sich, in die Schule zu gehen (Vera hat das geregelt) und hat zu ihrer Stiefgroßmutters weit größerem Entsetzen auch die Klavierstunden mit der Begründung, ihr Vater liege im Sterben, abgesagt. Inzwischen sprechen wir über mein bevorstehendes Ableben, als schmiedeten wir Pläne für die großen Ferien. Die Darstellung des Todes als weite Reise in ein fremdes Land ist ein bewährtes Trostbild für alle, die einen Sterbenden in seinen letzten Tagen begleiten. Obgleich es den Himmel keineswegs ausschließt, können sich auch religiöse Skeptiker damit arrangieren. Es öffnet der Phantasie Tor und Tür und wirkt in den Überlebenden als stilles *Memento mori* fort.

Ich habe Christina erzählt, was ich über ihre Großmutter Maria-Luisa und die mysteriösen Umstände ihres Todes weiß. Nur meine Beziehung zu Gisèle und alles, was damit zusammenhing, habe ich verschwiegen und damit wahrscheinlich den Schlüssel zu der Tragödie.

»Aktenzeichen XY ungelöst«, sagt sie als Resümee. »Warum machst du keinen Film daraus? Die großen ungelösten Fälle des FBI?«

»Gute Idee, Christina. Merk dir die Namen. Die meisten der damaligen Expeditionsteilnehmer leben noch, abgesehen von Frau Professor Eisenkolb und Herrn Dr. Olafssen. Interviewe sie. Vielleicht haben die Ermittlungsbehörden damals was übersehen. Lern Spanisch, fahr hin! Schreib ein Drehbuch! Das dunkle Geheimnis um den Tod der schönen Maria Blink – warum nahm es unser Tieronkel Hans-Anders Ridderström mit ins Grab?«

Aber die Fragen nach Maria sind immer nur Vorgeplänkel. Christina hat sich in den Kopf gesetzt, zuerst einen ganz anderen Fall zu lösen.

»Wer war mein Vater, Hans?«

Sie stellt diese Frage natürlich nicht zum erstenmal, und nicht zum erstenmal beantworte ich sie ebenso geduldig wie wahrheitsgemäß: »Ich weiß es nicht, Christina. Lena hat es mir nie gesagt. Sie hat eisern geschwiegen, so daß ich manchmal das Gefühl hatte, sie wisse es selber nicht. Du weißt, woran sie litt. In solchen ... in bestimmten Zuständen kann es schon vorkommen, daß man sich an gewisse Dinge nicht mehr erinnert...«

Ja, so habe ich mir das immer vorgestellt – ein versifftes Matratzenlager, scheppernde Rockmusik im Hintergrund, ausgelaufene Bierbüchsen und irgendwelche halbzahmen Nagetiere, die überall hin fäkalieren. Über die Vision, daß Christina vielleicht in einem solchen Ambiente gezeugt wurde, bin ich bis heute nicht hinweggekommen – Herrgott, was geht es mich eigentlich an?

»Dein Vater war ein junger Italiener, Christina. Das hat Lena uns gesagt. Der Mann hat sich nie bei mir vorgestellt, und deine Mutter hat auf alle weiteren Fragen und Vorhaltungen geschwiegen.«

Auch die Ermittlungen des Jugendamts verliefen im Sande, und kein unbekannter junger Mann drückte sich bei Lenas Beerdigung auffällig-unauffällig zwischen den Thujenhecken herum.

»Nein, eine Vergewaltigung war es sicher nicht«, sage ich in unser Schweigen hinein, »dazu freute sich Lena viel zu sehr auf dich.«

»Sie wollte mich nicht abtreiben?«

»Wo denkst du hin, Christina!«

»Ist doch eigentlich logisch, oder? Sie war damals gerade fünfzehn. Ich werde jetzt bald fünfzehn. Angenommen, ich wäre schwanger. Da würde ich mir genau überlegen, ob ich das Kind haben wollte, ohne Ausbildung und so. Und wenn ich heule und sage, ich bring mich um, dann suchst du mir eine Klinik. Und wenn nicht du, dann die Beratungsstelle.«

»Na, du bist ja hervorragend informiert ... Da brauche ich mir ja keine Sorgen zu machen.«

Ich weiß, daß meine Ironie fehl am Platz ist. Christina hat recht, aber ich kann es nicht zugeben. Alles, was sie sagt, stimmt. Ich habe Lena tatsächlich nahegelegt, dieses Kind abzutreiben, das seither mein Ein und Alles ist. Bei Kindern, die Kinder bekommen, meint der aufgeklärte Erziehungsberechtigte »helfen« zu müssen und schlägt automatisch einen Abortus vor oder zieht ihn zumindest in Erwägung – ein fast reflexartiges Verhalten, das ihm über die eigene Sprachlosigkeit hinweghilft. Lena hatte von Anfang an darauf bestanden, das Kind auszutragen, obwohl ich sie sogar ausdrücklich davor warnte (»Du bist doch noch gar nicht reif für die Mutterschaft, mein Kind«). Auch eine verständnisvolle Ärztin redete ihr in diesem Sinne zu – vergeblich: Das Mädchen wollte sein Kind, und mochten wir Erwachsenen darüber auch die Augäpfel himmelwärts drehen und insgeheim oder lauthals Lenas pubertären Starrsinn beklagen – sie ließ sich durch nichts und niemanden von ihrem Entschluß abbringen.

Mir sitzt ein junger Mensch gegenüber, den es nicht gäbe, wenn Lena damals auf mich gehört hätte.

– – –

Erstmals seit Maria spüre ich Sex nicht nur unter der Gürtellinie. Veras Nähe und Wärme, ihre Zärtlichkeit gehen mir ans Herz, nein: zu Herzen. Irgendwo hinterm Brustbein rührt sich noch etwas anderes als ein aufgeregt pumpender Muskel.

Tiefe innere Verkrustungen brechen auf. Ich werde mobiler, achte auch wieder mehr auf mein Äußeres, neue Ideen stellen sich ein, ich fiebere jedem Rendezvous mit meiner neuen Freundin entgegen. Schon reden wir, wenn auch noch ganz unverbindlich, von einer gemeinsamen Zukunft. Einmal sitze ich im Auto, überfahre achtlos ein Stopschild, erschrecke, fahre rechts ran, ziehe meinen kleinen schwarzen Kamm aus der Tasche und fahre mir durch die makellose Frisur: »Hans-Anders Ridderström«, sage ich feierlich zu meinem Rückspiegelkonterfei, »Hans-Anders Ridderström, du bist verliebt!«

***

Vera hat eine Ehe und eine mehrjährige Beziehung hinter sich. Die Ehe mit einem Industriekaufmann aus der Nachbarstadt, so erfahre ich in längeren Gesprächen, zerbrach, nachdem ihr Mann sich von einer Geschäftsreise nach Thailand eine jüngere Geliebte mitgebracht hatte. Als er nach sechs Monaten ihrer überdrüssig wurde, kam er zurück zu Vera, bat reuevoll um Verzeihung – und biß bei ihr auf Granit. Später hielt sie ein Professor aus Tübingen jahrelang hin, bis sie ihm die wortreichen Beteuerungen, daß er sich »bald« scheiden lassen wolle, nicht mehr abnahm. »Die Ehe war eine Erfahrung, die ich nicht missen möchte«, sagte Vera, als wir darüber sprachen. »Die andere Beziehung war verlorene Lebenszeit. Ein Irrtum aus Angst vor der Einsamkeit.«

Und sonst?

»Man holt sich, was man braucht«, sagte sie. Das kleingeschriebene frau findet sie albern.

Lena war im dritten Monat schwanger, als sie und Vera sich kennenlernten. Ich sah dieser Begegnung nicht ohne Bedenken entgegen. Was hatten die beiden einander zu sagen? Vera unterrichtete pfiffige Gymnasiasten, Lena quälte sich zum Hauptschulabschluß.

Ehrgeizig, diszipliniert, beredt, sportlich-trimm durch Squash und Yoga, make-up- und modebewußt, liberal-konservativ und ein wenig berechnend: Vera. Punkig, verzottelt, maulfaul, matheschwach, körperlich früh-reif, smaragdgrüne Piercings im linken Nasenflügel und rechter Augenbraue, unpolitisch, unmoralisch und arg-los verkifft, Papas Liebling: Lena. Dazwischen ich, der in seinem tiefsten Innern immer noch damit haderte, daß sein einziges Kind nicht auf dem Gymnasium war und dort – vielleicht bei Vera? – vorzeigbare Leistungs-kurse in Biologie belegte. Wir trafen uns zu dritt in einem Café. Nach einer Viertelstunde empfahl ich mich; ich mußte noch zur Bank und ließ mir Zeit, weil ich mir dachte, unter vier Augen finden die beiden Frauen schneller zueinander.

Als ich zurückkam, saß Lena vornübergebeugt am Tisch und redete auf Vera ein; diese hatte sich zurück-gelehnt, hörte aufmerksam zu, nickte ab und zu kon-zentriert. So sehr waren die beiden in ihr Gespräch vertieft, daß sie mich erst wahrnahmen, als ich unmit-telbar neben ihnen stand und mir meinen Stuhl zu-rechtrückte. Ich merkte sofort, daß ich störte – und war froh darüber. Mit allem hatte ich gerechnet – mit mühsamer Konversation oder verstocktem Schweigen, selbst einen Eklat hatte ich nicht ganz ausgeschlossen: Vera war nicht die Frau, die sich von einer Halbwüchsi-gen den Schneid abkaufen ließ, und Lena war zwar neugierig auf meine neue Partnerin, hatte mir aber zu verstehen gegeben, daß »die ja nicht versuchen soll, an mir herumzuerziehen, dann gibt's Zoff.« Vor allem Lenas Ernsthaftigkeit überraschte mich: So hatte ich meine Tochter seit Monaten nicht erlebt.

***

»Papa, die Vera ist okay, hätt ich dir gar nicht zuge-traut«, sagte Lena auf der Fahrt nach Hause.

Das war ein Kompliment, wie ich es nur selten von meiner Tochter hörte. Dennoch stichelte ich: »Obwohl sie Lehrerin ist?«

»Das hat sie nicht rausgehängt. Ihr Glück.«

Sie hat also die pädagogische Brille abgenommen, dachte ich und mußte schmunzeln.

»Du, sie hat mich eingeladen. Ins Kino. Irgendso ein spanischer Film. Ich glaub', ich geh hin.«

Vera war eine begeisterte Cineastin und kannte sich aus; ich, der Naturfilmer, stand den Kollegen von der künstlerischen Front eher indifferent gegenüber. Mein selektives Gedächtnis, das an die dreitausend lateini-sche Tier- und fast ebensoviele Pflanzennamen gespei-chert hat, versagt bei Regisseuren, Schauspielern und Komponisten.

»Hast du ihr von deiner Schwangerschaft erzählt?« wollte ich wissen. Lena legte Wert darauf, Freunde und Bekannte persönlich einzuweihen, solange man noch nichts sah. Ich hatte mich an die Vereinbarung gehal-ten und Vera nichts gesagt.

»Ja.«

»Und? Was meint sie?«

»Das ist okay, sagt sie. Keinen Moralischen und so. Sie will uns helfen, wenn das Baby da ist.«

Uns? dachte ich, was soll das heißen? Das ist *dein* Kind, Lena.

***

Daß ich Vera als ein wenig berechnend bezeichnet habe, erfordert eine Erklärung: Die Doppelbelastung durch Beruf und Politik zwängte sie in ein Terminkorsett, das auch ihre freien Stunden reglementierte. Sie hatte eigentlich keine Freizeit: Unterricht, Unterrichtsvorbereitung, Elternsprechtag, Stadtratssitzungen und Sitzungsvorbereitung, Ausschußsitzungen und deren Vorbereitung, Parteiversammlungen, Empfänge, Ehrenämter, Bürgersprechstunden im Stadtbezirk, dienstagabends von neunzehn bis zweiundzwanzig Uhr Sport (in wechselnden Kombinationen Squash, Yoga, Schwimmen, Sauna). Sie stand um fünf Uhr auf und radelte, wenn sie nicht eine Jogging-Runde durch den Park drehte, auf dem Hometrainer. Immer sah sie aus wie aus dem Ei gepellt, eine alterslose Eleganz, die sie sich bis heute bewahrt hat. Nach der Schule erholte sie sich beim Klavierspiel, vorrangig Chopin, wobei mir nie klar war, wo die Entspannung aufhörte und der Tanz auf den Tasten zum Kampfsport wurde. Vera brauchte zwei Stunden weniger Schlaf als andere; trotzdem ist mir bis heute kaum erklärlich, wie sich in diesem Leben noch die Zeit-Nische für eine neue Partnerschaft fand. Seit ich Vera kenne, glaube ich, daß Liebe erst dann Berge versetzen kann, wenn sie mit genialem Organisationstalent verbunden ist.

Aber es gab auch eine andere Seite: Entsprach der Erholungswert (oder Lustgewinn) einer meist von langer Hand geplanten Freizeitaktivität nicht ihrer Erwartung, wurde Vera rastlos, gereizt und kompromißlos in ihren Urteilen. Außenstehenden fiel dieser Stimmungswandel, der ihr selbst durchaus bewußt war, nur selten auf. Wer sie besser kannte, bemerkte nervöse Wimpernschläge, und was mich betraf, so spürte ich die Vibrationen der Unruhe sogar an Veras Haut. Es fühlte sich an, als stünde sie unter Strom.

***

Lenas Bauch rundete sich bereits, als Vera im Januar 1981 ihre Eigentumswohnung vermietete und bei uns einzog. Nach über vierzehnjährigem Witwer- und Alleinerzieherdasein hatte ich eine kluge, dynamische Frau gefunden, die ich liebte und die bereit war, ihr Leben mit mir und meiner Tochter zu teilen, und in ein paar Monaten würden wir sogar zu viert sein. Ich begann, mich auf mein Enkelkind zu freuen. An vielen Abenden in diesem Winter saßen wir drei vor dem - Kaminfeuer im Wohnzimmer und schmiedeten Zukunftspläne. Insgesamt hoffte ich, Vera und die Verantwortung für das heranwachsende Kind würden Lena stabilisieren. Es gab vielversprechende Anzeichen: Meine Tochter war längst nicht mehr so oft aushäusig wie vor Beginn ihrer Schwangerschaft und gab sogar ihren inneren Widerstand gegen die Schule auf. Die Noten wurden besser. Sie peilte inzwischen den Qualifizierenden Hauptschulabschluß an, den ihr vor zwei Jahren noch kein Mensch zugetraut hätte.

»Wenn du den Quali schaffst, machen wir im nächsten Sommer eine große Skandinavienreise, Lena«, sagte ich einmal in meiner Begeisterung. »Du erinnerst dich doch noch an den Besuch bei Oskar und Lisa auf Hemsö? Wir machen dort Station und fahren dann weiter bis zum Nordkap.«

»Und mein Baby?«

»Das nehmen wir natürlich mit! Babys werden nicht zu Hause gelassen!«

»Frauen schon, oder?« fragte Vera in gespielter Empörung.

»Nein!« rief Lena. »Du kommst mit! Allein mit Papa ist das doch stinklangweilig!«

»Danke, Lena, deine Offenheit ist umwerfend. – Vera, fährst du mit dem Langeweiler zum Nordkap?«

Vera kannte die Geschichte von Lenas Verschwinden in den schwedischen Wäldern. »Einer muß sich ja um das Kind kümmern, wenn ihr zwei beim Pilzesammeln versumpft«, sagte sie.

**

Ja, wir spielten Familie in diesen letzten Monaten vor Christinas Geburt. Ich muß nach außen hin richtig aufgeblüht sein. Ernst Öbisch aus Plönke-Briesenitz (seit 1953 lebte er in Detmold), ein alter Freund der Familie Ridderström, besuchte uns und schrieb mir danach einen begeisterten Brief (die Kalauerei und Stabreimerei sind ein Spleen von ihm): »Mensch, Hans, bist ja wie ausjewechselt! Janz anders, Hans-Anders! Jahre jünger, jut jewaschen und endlich mal 'n neues Jackett! Beim Wotan, Hans, Deine wilden Weiber und der wachsende Opa in Dir wirken wahre Wunder. Hab' auch mal wieder Deine Sendung gesehen: Peppiges Papageienpalaver, plausibel präsentiert, und daß die potenten Paviane auch Probleme mit der plöden [sic!] Prostata haben, ist ja irgendwie janz possierlich – na ja, bei der jenetischen Nähe zu uns ...« (Zitat ist Zitat. Bevor Gisèle Eisenkolb für mich ihre Khakiblusen öffnete, hatte sie mir als Quems Assistentin das korrekte wissenschaftliche Zitieren beigebracht: *Offensichtliche Fehler im Original sind beizubehalten und im Zitat mit einem in eckigen Klammern nachgestellten [sic!] zu kennzeichnen.*)

Die Zuschauerreaktionen zu der Sendung bestätigten das Urteil meines Freundes; sie waren so positiv wie seit Jahren nicht mehr. Man konnte den Leuten nichts vormachen.

**

Am 14. Juni 1981, zwei Wochen vor Lenas fünfzehntem Geburtstag, kam Christina-Maria Ridderström zur Welt. Das Jugendamt stellte fest, daß Mutter und Kind im Hause des Großvaters und dessen zweiter Frau – Vera und ich hatten Ende Mai geheiratet – gut aufgehoben waren und hielt sich in der Folgezeit diskret zurück. (Man muß wissen, daß Vera in der vorausgegangenen Legislaturperiode als Leiterin der Sozialbehörde Dienstherrin des Jugendamts gewesen war und es nach den nächsten Kommunalwahlen wieder werden konnte.) Nachdem Lena von Anfang an allen Beteiligten unmißverständlich klargemacht hatte, daß sie ihr Kind behalten wollte, riet ihr niemand mehr dazu, das Baby zur Adoption freizugeben.

***

Vor dir die Zukunft, der schrumpfende Lebensrest: tunnelschwarzes Nichtwissen. Hinter dir die Lebensspur: gesäumt von nicht erkannten Vorzeichen. Blickst du zurück, funkeln sie links und rechts der Strecke wie Landebahnbeleuchtungen, und du greifst dir an den Kopf und fragst dich, wie du nur so blind sein konntest. So gesehen, ist die buddhistische Wiedergeburtslehre eine große Gnade und Hoffnung: Du hast eine zweite Chance. Mach's besser, Kamerad. Wer an die Wiedergeburt nicht glaubt, kann allenfalls die zweite Lebenshälfte als Reparaturschuppen für die entgleisten Züge der ersten sehen.

Ja, es gab Zeichen, die ich hätte erkennen sollen, genauso wie damals, als Lenas Schwierigkeiten begannen. Ich *hätte sollen*. Ich *hätte müssen*. Der Konjunktiv Plusquamperfekt ist die grammatische Ausdrucksform des sterbenden Versagers. *Ich hätte Emil, sternhagelvoll*

wie er war, den Autoschlüssel abnehmen müssen, dann stünde
die alte Kastanie mit der Spechthöhle noch (und Emil wäre,
nota bene, noch am Leben) ... Ich hätte Barbara küssen sol-
len, dann wäre sie heute weder tablettensüchtig noch Jörgs
todunglückliche Frau ...

Ich hätte Veras Trauma erkennen müssen, aber ich kam nicht einmal im Traum darauf. Heiteren Sinnes genoß ich mein neues Familienglück. Beschwingt ging ich morgens an den Schreibtisch (eine Art Flanieren, vorbei an den Regalen meiner Bibliothek...), arbeitete konzentriert, bereitete gegen Mittag für Vera und Lena ein leichtes Mahl mit viel Salat, genehmigte mir ein Stündchen für die Käfersammlung und fuhr danach, erquickt wie andere vom Mittagsschlaf, zu einem Termin ins Studio oder zu einem Interview. Fürs Abendessen sorgte Vera. Innerhalb kürzester Zeit hatte sie ihren Alltag mit allen Aufgaben und Funktionen in den unseren integriert.

Ich hätte zum Beispiel erkennen müssen, daß sich Veras Verhalten im gemeinsamen Schlafzimmer seltsam veränderte. Aber ich muß mir wohl gedacht haben: Was beliebt, ist auch erlaubt, und unterdrückte meine heimliche Verwunderung. Prinzipiell fand ich Rollenspiele im Ehebett durchaus reizvoll – der Phantasie sollten keine Grenzen gesetzt werden. Nur hatte das, was Vera von mir wünschte, bald nichts mehr mit Phantasie – nein, falsch: bald nur noch mit einer einzigen Phantasie und einer einzigen Rolle zu tun.

Vera hat braune Augen, auf denen im fahlen Licht des frühen Morgens ein olivfarbener Schimmer liegt. Ich erinnere mich an eine solche Morgenstunde.

Kalter Regen fliegt in Schwaden gegen die Scheiben. Es ist Sonntag. Wir haben Zeit.

Ich nehme ihre Hand, nehme den Zeigefinger und führe ihn über meine Lippen, erst die untere, dann die obere. Die Papillarlinien der Kuppe kitzeln. Der Finger versucht sich zwischen meine Lippen zu zwängen. Ich zeige Zähne und lasse ihn ein.

Zwei strenge, senkrechte Falten flankieren Veras Mund. Sie ist einundvierzig Jahre alt, sieben Jahr jünger als ich.

Vera sitzt im Schneidersitz auf dem Bett. Mein Kopf liegt in ihrem Schoß, sie wiegt ihn hin und her, summt dabei eine Melodie, hält inne, sucht meinen Blick. Ich nicke. Sie knöpft ihr Nachthemd auf, beugt sich über mich, läßt mir ihre rechte Brust auf die Lippen fallen. Ich schließe die Augen, schnappe wie ein Fisch auf dem Trockenen, finde, was ich suchen soll, und beginne zu saugen. Ein Speicheltropfen quillt aus meinem Mundwinkel und rinnt hinab zum Kinn. Vera wischt ihn mit einem Zipfel der Bettdecke fort. »Trink mich leer«, flüstert sie und gibt mir die andere Brust.

Wer als Knabe lange gestillt wurde – und meine Mutter hatte soviel Milch, daß sie gleichzeitig noch das Töchterchen einer anämischen Kusine stillen konnte –, fällt in der Heimlichkeit des Ehebetts nicht ungern in die Mechanik frühkindlicher Ernährungsgewohnheiten zurück. Zwar wird er davon nicht satt, profitiert aber, biologisch gesehen, von der durch derartige Handlungen wachsenden Paarungsbereitschaft des Weibchens. (Manchmal läßt sich der Zoologe in mir schlecht verleugnen.)

Befremdlich ist nur, daß Vera seit Wochen kaum noch etwas anderes mehr von mir will und trotzdem nach einiger Zeit erschöpft und irgendwie befriedigt zurück in die Kissen sinkt.

Dies geschah, wohlgemerkt, vor Christinas Geburt.

Unten in der Einliegerwohnung las Lena – so hoffte ich wenigstens – *Die junge Mutter*, ein Buch, das ich ihr in meiner ratlosen Beflissenheit geschenkt hatte.

***

Ich hätte frühe Zeichen bemerken müssen. In den paar Monaten seit ihrem Einzug, hatte Vera deutlich zugenommen. Ich schob es auf die veränderten Lebens- und Eßgewohnheiten und hatte nichts dagegen: Ihre bis dato gnadenlos durchtrainierte Figur wurde fraulicher, die kribbelige Rastlosigkeit verflog.

Dann eines nachts dieses grandiose, groteske Mißverständnis: Wir lagen im Bett und hatten uns geliebt. Da schob Vera meinen Kopf auf ihren Bauch und sagte: »Spürst du's?«

Ja, ich spürte es und wußte, was es war: die unruhige Peristaltik ihrer Eingeweide. Prosaischer könnte man sagen: Verdauungsprobleme. Ich antwortete »Ja«, mehr fiel mir dazu nicht ein. Vera seufzte zufrieden und schlief kurz darauf ein.

Am Tag der Entbindung leuchteten die Zeichen auf wie ein Silvesterfeuerwerk – und wieder war ich blind. Aufgeregt wie ein junger Vater (den ich in gewisser Weise ja auch ersetzen mußte, denn ich war der einzige männliche Vertraute Lenas) lief ich im Wartezimmer hin und her, sprach Belangloses mit anderen Wartenden, blätterte nervös in abgegriffenen Zeitschriften – und empfand eine tiefe innere Genugtuung und Erleichterung, als mir gegen fünfzehn Uhr eine freundliche Hebamme mitteilte, daß ich Großvater einer kerngesunden Enkelin sei. Im Laufschritt rannte ich in Lenas Zimmer, nahm meine blasse, aber muntere Tochter in die Arme und heulte Rotz und Wasser mit ihr.

Knapp fünfzehn Jahre war es her, daß ich im selben Krankenhaus *ihre* Geburt erlebt hatte. Déjà vu! Mit furchtbarer bildhafter Kraft überrollte mich die Erinnerung an Maria, deren erschöpftes Lächeln ich in Lenas Zügen wiedererkannte. Minutenlang verschmolzen Lena und Maria zu einer Person, und das Neugeborene war Lenas Baby und Lena *als* Baby zugleich.

Ich mußte mich setzen und wurde von Weinkrämpfen geschüttelt. In diesem Moment schwor ich mir, daß ich für dieses neugeborene Kind alles tun würde, was ich bei seiner Mutter versäumt hatte; ich wollte diesem vaterlosen Enkelkind ein junger, moderner, innerlich reifer Großvater sein, auf den es sich stets würde verlassen können. Ich war kerngesund, beruflich erfolgreich, gerade mal achtundvierzig Jahre alt. Mein Herz, mein Haus, mein Leben gehörte ihm.

»He, Papa, nun reiß dich mal zusammen!« Lenas Stimme holte mich zurück in die Wirklichkeit. Sie imitierte mich: *Nun reiß dich mal zusammen!* Das war einer meiner Lieblingssätze, wenn ich mit ihr schimpfte.

Meine Tochter strahlte. Daß ich sie soeben verraten hatte und bis an ihr baldiges Lebensende weiterhin verraten würde, ahnte sie nicht, doch im Grunde genommen hatte ich sie in diesem Augenblick abgeschrieben. Sie war ein mißglücktes Erziehungsexperiment – im Babyalter um die Mutter gebracht, krank, in ihren Behinderungen zu lange allein gelassen. In erster Linie hätte *sie* Anspruch auf meine Hilfe gehabt – ich aber hatte sie soeben ohne Skrupel aufgegeben und mich dem kleinen krebsroten Wesen mit der schrumpeligen Haut zugewandt, das neben ihr in seinen Tüchern lag. Ich wollte meine zweite Chance.

Aber wie war das mit dem Feuerwerk? Vera hatte einen unaufschiebbaren Stadtratstermin an jenem

Nachmittag, wollte aber unbedingt danach ins Krankenhaus kommen. Ihr seltsames Verhalten in den Nächten hätte mich sicher mehr beunruhigt, wenn sie nicht tagsüber absolut die gleiche geblieben wäre. Mit der Präzision eines Uhrwerks kam sie ihren Verpflichtungen nach. Nur joggte sie morgens nicht mehr, sondern brachte zwischen halb fünf und halb sechs, was mir nie gelungen war, unseren verwilderten Garten in Ordnung.

Ich saß noch neben Lena am Bett. Mutter und Kind waren eingeschlafen, und auch mir fielen fast die Augen zu, als plötzlich eine Krankenschwester das Zimmer betrat und mir zuflüsterte: »Herr Dr. Ridderström? Können Sie einen Moment herauskommen?«

Ich fuhr auf und nickte. Draußen auf dem Gang erklärte mir die Schwester: »Ihre Frau ... Sie wurde soeben eingeliefert ... ja, als Patientin. Sie liegt auf der Gynäkologischen, gleich um die Ecke.«

Vera war im Rathaus vor dem Großen Sitzungssaal zusammengebrochen und hatte über furchtbare Bauchschmerzen geklagt.

***

Fachliteratur zum Thema Scheinschwangerschaften las ich erst viel später. Es gibt Frauen, bei denen die Periode ausbleibt, der Bauch dicker wird, ja sogar die Milch einschießt.

Mit Vera konnte ich erst vernünftig darüber sprechen, nachdem sie im Herbst 1981 von einem mehrwöchigen Aufenthalt in einer psychiatrischen Klinik zurückgekehrt war.

Viel zu lange hatte ich gewartet, bis ich etwas unternahm. Ich hatte mich nach Christinas Geburt und eingedenk meines Schwurs vollkommen auf die Kleine konzentriert. Dabei ging es dem Baby prächtig – es war gesund und hatte eine zwar nach wie vor grünhaarige, dabei aber äußerst fürsorgliche Mutter. Mehr brauchte es nicht, allenfalls gelegentlich einen Babysitter. Gebraucht hätte mich in dieser Zeit meine Frau, die hilflos in eine schwere Psychose hineinglitt.

Es war Lena, die mir die Augen öffnete. Eines Vormittags kam sie mit dem Baby auf den Arm in mein Arbeitszimmer und beschwerte sich über Vera.

»Papa, die Vera spinnt. Die dreht durch. Echt.«

Ich wußte in diesem Moment, daß sie recht hatte, nur kam die Erkenntnis so plötzlich, daß sie meine spontane Antwort nicht mehr beeinflussen konnte.

»Lena, du weißt, daß ich während der Arbeitszeit nicht gestört werden möchte! Außerdem darf ich dich bitten, ein bißchen auf deine Wortwahl zu achten.«

Lena wurde blaß. »Ich sag dir eines, Papa: Wenn diese Zicke nicht bald zur Vernunft kommt, ziehe ich mit Christina aus, darauf kannst du Gift nehmen.«

Ich ließ den Kugelschreiber auf die Schreibtischplatte fallen und stand auf. Christina, die gerade gelernt hatte, ihren Blick zu fokussieren, sabberte und sah mich aus weitgeöffneten Augen an – noch waren sie nicht so dunkel wie die ihrer Großmutter Maria. Keine Brüllszene vor dem Kind, dachte ich, nur ja keine frühkindlichen Schocks, und nahm mich zusammen.

»Was ist passiert?«

»Gestern abend, als ich nach Hause kam, war Christina nicht in ihrem Bettchen. Ich bin rauf in eure Wohnung, und da sitzt dieses Weib auf dem Sofa und ... und ...« Lena war so aufgebracht, daß ihr die Sprache wegblieb.

»Und was?«

»Mensch, das glaubst du doch nicht! Da sitzt die auf

dem Sofa, hat den Pulli hochgeschoben und läßt mein Kind an ihren tauben Zitzen nuckeln! Als ich reinkomme, reißt sie ruckzuck den Pulli wieder runter, aber ich hab's genau gesehen. Die ist doch nicht mehr ganz dicht, wenn du mich fragst.«

»Und was hat sie gesagt?«

»Gar nichts. Aber sie war sauer, als ich ihr Christina weggenommen habe. Sie wollte sie mir erst gar nicht geben.«

***

Als ich Vera am Abend naturwissenschaftlich-nüchtern auf die Vorkommnisse ansprach, verlor sie schlagartig ihre Selbstsicherheit, wich mir aus, schimpfte auf Lena (»viel zu unreif für die Mutterschaft!«) – und brach schließlich weinend zusammen. Nur einmal noch habe ich sie so elend erlebt. Ich rief ihren Arzt an. Gemeinsam brachten wir meine völlig apathische Frau in die Nervenklinik nach Stöberwiesen.

***

Ein harmloser gynäkologischer Eingriff hätte es sein sollen. Bei einer Routineuntersuchung waren im Sommer 1964 bei der damals vierundzwanzigjährigen Musik- und Biologiestudentin Schleimhautwucherungen in der Gebärmutter festgestellt worden, eine sogenannte Endometriose. Der Arzt war jung und unerfahren; bei der Operation gab es Komplikationen. Eine zweite wurde angesetzt – angeblich wegen nicht vorhersehbarer Nebenfolgen, in Wirklichkeit, um die Fehler der ersten zu korrigieren. Wieder ein halbes Jahr später ein dritter Eingriff – und dann war es endgültig klar, daß Vera Kalitz, die inzwischen verheiratet war, niemals Kinder bekommen würde.

Es hatte nie eine Thailänderin gegeben. Veras Mann trennte sich von ihr, weil er unbedingt Kinder haben wollte. (Es gibt ihn noch, einen vierfacher Vater, längst zum zweitenmal geschieden.) Vera stammte aus einer kinderreichen katholischen Familie. Ihre sechs Geschwister hatten zusammen sechzehn Kinder, darunter dreimal Zwillinge (in der mütterlichen Linie war seit Generationen eine Tendenz zu Mehrlingsgeburten nachzuweisen). Dreizehnmal waren Vera zwischen ihrem achtzehnten und achtunddreißigsten Lebensjahr Geburtsanzeigen von Neffen und Nichten ins Haus geflattert, dreizehnmal kaufte sie Babyjäckchen und Strampelhosen in hellblau oder rosa, gratulierte glücklichen Eltern, wünschte Kaiserschnittpatientinnen baldige Genesung, kaufte Rasseln, Stofftiere und Bilderbücher, gratulierte zu Geburtstagen, tröstete geplagte Schwägerinnen und Schwestern in postnatalen Depressionen, war allen die liebe Tante Vera, deren Zuverlässigkeit und früh hervortretendes Organisationstalent sie auch zur idealen Babysitterin prädestinierte. Veras Familie war von umwerfender jovialer Herzlichkeit und erdrückender Präsenz. Sie lebten alle in unserer Stadt und deren engster Umgebung. Der Vater, Bauunternehmer der ersten Stunde, war ein behäbiger Patriarch mit genialem Zahlengedächtnis, die Mutter streng und dünnlippig, sehr musikalisch und gläubig, sehr auf Etikette bedacht und in ihren späteren Jahren zutiefst abgestoßen, ja angewidert von der beginnenden Frauenemanzipation, in deren Dunstkreis sie auch ihre Tochter vermutete.

Die Unfruchtbarkeit, so erzählte mir Vera später, habe an ihr wie ein Kainsmal geklebt. Nie machte ihr jemand einen direkten Vorwurf, aber sie hörte die Anspielungen überall heraus, auch da, wo es gar keine gab. Diese Geburtsanzeigen! Aus dem großen Bekanntenkreis kamen ja auch dauernd welche. Sie fürchtete sie bald mehr als Todesanzeigen, und einmal nahm sie einen schwarzen Filzstift zur Hand, rahmte die Glücksbotschaft mit dickem Strich ein und schrieb ++ *MEIN LEERER UTERUS. R.I.P.* ++ über das blaßgedruckte: . . . *freuen wir uns, die Geburt unseres Stammhalters mitteilen zu können* sowie die unvermeidlichen Namen, Daten und Gewichtsangaben.

Als sie nach ihrem Studium an die Schule kam, fiel ihr auf, daß eine Kollegin nach der anderen im Jahr nach der geglückten Verbeamtung in Mutterschaftsurlaub ging. Die Vertretungsstunden, die sie für kranke Schwangere übernahm, gingen in die Hunderte – sie selbst fehlte so gut wie nie.

Daß sie ihre berufliche und politische Karriere ursächlich ihrer Kinderlosigkeit verdanke, war eine andere oft wiederholte, wenn auch fast immer nur indirekt formulierte Behauptung, die Vera zur inneren Weißglut trieb. Sätze wie *Ach, wissen Sie, Frau Kalitz, wenn man Kinder hat, setzt man halt andere Prioritäten* degradierten ihre Leistungen zur kümmerlichen Ersatzhandlung.

Elternsprechtag. Die Leiden der Mütter: ›Ach, er ist halt ein richtiger Junge, ein kleiner Draufgänger, das müßten Sie doch eigentlich verstehen, Frau Kalitz, *aber Sie haben ja keine Kinder . . .* Ach, unsere Tochter ist ja so traurig über den Fünfer . . . *Wenn Sie Kinder hätten, könnten Sie das verstehen, Frau Kalitz . . .* Oder: *Haben Sie Kinder? Nein? Ach so, na ja dann . . .*‹

Nadelstiche überall, keiner verheilt, alle entzünden sich, alle schwären. Das Gedächtnis beginnt zu selektieren: Ich merke mir sechstausend lateinische Tier- und Pflanzennamen, Vera sich sechstausend verletzende Gedankenlosigkeiten. Die Seele wird wund unter der solariumgebräunten Haut.

***

Zu meinen Kollegen aus der Botanik hatte ich immer ein ambivalentes Verhältnis. Obwohl sie das große geniale Rätsel der Photosynthese noch immer nicht lösen konnten, haben sie es in mancher Hinsicht leichter als wir Zoologen. Ihre Objekte sind stationär: Ein Baum ist, bei ähnlich großer Biomasse, leichter zu orten, zu beobachten und zu vermessen als ein Wal. Pflanzen sind auch, im allgemeinen, weniger gefährlich: Menschenfressende gibt es nur in Horrorfilmen, und die giftigen und halluzinogenen wie Eisenhut und Kahlkopf muß man in suizidaler Absicht oder kühnem Selbstversuch zu sich nehmen oder bewußt in Mordwaffen verwandeln, damit sie Unheil anrichten. Piranhas, Kobras, Malariamücken, Skorpione und Löwen dagegen befördern aus Hunger oder Angst, auf jeden Fall aber aus Eigeninitiative, immer wieder übereifrige Erforscher ihrer Lebensgewohnheiten ins Jenseits.

Der Botaniker ist moralisch weniger angreifbar: Er pflückt und/oder gräbt aus, wir Zoologen fangen und/oder töten. Während ein bunter Strauß toter Blumen erfreut, obwohl er nicht eßbar ist, ruft ein Netz voller toter bunter Fische Empörung hervor, selbst wenn sie eßbar sind. Schwerer Vorwurf trifft den Botaniker höchstens beim Sammeln geschützter Arten wie Knabenkräutern und seltenen Kakteen; der Zoologe aber begnügt sich aus Angst vor dem Telefonterror der Tierschützer mit bald verblassenden Dias, deren wissenschaftlicher Nutzen nicht vergleichbar ist mit dem Wert einer Präparatensammlung. Meine Käferkollektion verstecke ich inzwischen wie pornographische Literatur; wertvolle Ergänzungen sind fast nur noch auf dem grauen oder schwarzen Markt zu bekommen.

Andererseits: Im Medienbereich haben wir Zoologen unstrittig die Nase vorn. Meine Karriere ist der schlagende Beweis dafür. Eine Serie mit dem Titel *Du und die Pflanze* wäre nie zum Dauerbrenner im Abendprogramm geworden.

Zu Beginn meiner Ausbildung stand für mich noch keineswegs fest, daß ich mich innerhalb des Fachs Biologie für die Zoologie entscheiden würde. Die Entscheidung fiel erst während des Grundstudiums, in dem ich sowohl zoologische als auch botanische Praktika belegte. Ausschlaggebend waren der charismatische Einfluß meines akademischen Lehrers Quirin E. Migula und der erotische seiner Assistentin Gisèle Eisenkolb.

So werden berufliche Weichen gestellt.

Daß es in meinem Herzen bis auf den heutigen Tag eine botanische Nische gibt, hängt mit meinen skandinavischen Wurzeln zusammen. (Den Begriff ›verwurzelt sein‹ haben wir Menschen eigenartigerweise trotz unserer Zugehörigkeit zu den Säugetieren aus der Pflanzenwelt übernommen.) Obwohl ich in Deutschland geboren und aufgewachsen bin, war jede Schwedenreise für mich Heimfahrt, Rückkehr zu den Quellen und Wurzeln meiner Existenz. Heimatgefühle ergaben sich dabei weniger aus der nostalgischen Anhänglichkeit zu meiner weitverzweigten Verwandtschaft (die *echten Ridderströms* gingen mir aus geschilderten Gründen ohnehin zunehmend auf die Nerven), als vielmehr aus der Wirkung des Landes selbst, seiner Topographie, seines Klimas und seiner Vegetation auf die Befindlichkeit meiner Psyche.

Wenn man die Felseninseln südlich von Macquarie Island, wo unser preisgekrönter Film *Die kalte Welt der Pinguine* entstand, schon der Antarktis zurechnet, habe ich in meinem Leben alle Kontinente und sämtliche Klimazonen bereist. Ich habe hart gearbeitet und kenne das Gefühl, die eigenen Kräfte in Fässern ohne Boden verrinnen zu sehen.

Skandinavien lud meine inneren Reserven auf, dies war eine feste Größe in meinem Leben. Sobald der Wagen in Malmö oder Helsingborg von der Fähre rollte, noch inmitten von Industrie- und Hafenanlagen, überkam mich eine stille innere Gelassenheit, die sich beim Anblick der ersten dunklen Wälder Smålands wohltuend-warm auf mein Gemüt legte wie eine seelische Fangopackung. In den ersten Tagen eines Skandinavienurlaubs sank mein Blutdruck, und ich schlief und schlief und schlief, als gelte es alle Defizite der vergangenen Monate auszugleichen und für die künftigen vorzusorgen. Danach war mein Geist frei für urlaubsübliche Vergnügungen – schwimmen, angeln, Kajak fahren, Saunabesuche und dergleichen mehr, wunderbare körperliche Exerzitien, denen nicht minder wunderbare Erschöpfungszustände vor in offenen Kaminen prasselnden Birkenholzfeuern folgten.

An Ruhetagen nach langen Wanderungen widmete ich mich der skandinavischen Flora, eine beschauliche Passion, über die ich nie einen Film gedreht habe, und ich ließ auch die Funga nicht aus, die Pilzwelt des Nordens, deren kulinarischen Verführungskünsten ich hoffnungslos verfallen war. In der Kargheit der Föhren- und Fichtenwälder, der Endlosigkeit der Moore, in Tundra- und Taigavegetation mit ihren Moos- und

Flechtenböden, zwischen Zwerg- und Krüppelbirken, in Heidel-, Preisel-, Rausch- und Moltebeerrasen, aus denen, wie Bojen aus einem grünen Ozean, die orangebraunen Kuppeldächer der Rotkappen tauchen, gedeiht unter einem maßlos blauen, von messerscharfen Horizonten begrenzten Himmel eine reichhaltige Blumenwelt. Hier oben im Norden vergaß ich meine Käfer und wandelte auf den Spuren Carl von Linnés, des düsteren Vaters der modernen Pflanzensystematik, und Elias Fries', der das im 19. Jahrhundert bekannte Menschheitswissen von den Pilzen sammelte und durch eigene Erkenntnisse verhundertfachte. Die beiden Småländer Pfarrerssöhne dominierten ihre Metiers wie später die Herren Borg und Stenmark Tennis- und Skisport sowie die Dame Lindgren das Jugendbuchgeschäft.

***

Im Sommer 1982, meine Enkelin Christina war gerade ein Jahr alt geworden, brachen wir im neuen Wohnmobil zur großen Nordlandfahrt auf. Ich löste damit mein Versprechen ein: Lena hatte im Oktober in einer Nachprüfung den Qualifizierenden Hauptschulabschluß geschafft und seither ihre Englischkenntnisse in zweimal wöchentlich stattfindenden Abendkursen erweitert. Nach den Ferien wollte sie eine Lehrstelle als Floristin antreten – und siehe da, auf einmal erwachte in ihr sogar ein gewisses Interesse an Bäumen und Blumen, das meinem Faible für die skandinavische Flora entgegenkam.

In den Monaten nach Veras Zusammenbruch hatte sich viel verändert. Die Ärzte und Therapeuten, die sich um sie bemühten, rieten ihr, kürzer zu treten; die vielfachen Belastungen in Beruf und Politik hatten Spuren hinterlassen, und ihre Kräfte waren nicht unerschöpflich. Obwohl sie bald wieder ihr Idealgewicht hatte, blieb ihr Blutdruck hartnäckig hoch. Ein Mediziner sprach unverblümt vom Infarktrisiko.

Die Organisatorin in Vera war gefordert – und auf die war auch diesmal Verlaß. Sie reduzierte die Arbeit in der Schule, indem sie eine Reihe von Zusatzaufgaben, die sie im Lauf der Zeit wie selbstverständlich übernommen hatte, aufgab und anderen übertrug – den Chor, das Orchester, die Fachaufsicht Biologie. Sogar die Schulbibliothek war irgendwann an ihr hängengeblieben und wurde nun einer ehrgeizigen jungen Deutschlehrerin aufs Auge gedrückt. In ähnlicher Weise schränkte sie ihre politischen Tätigkeiten ein, oder besser: Sie veränderte ihre Schwerpunkte. Sie verzichtete auf kräfteraubende öffentliche Auftritte und arbeitete statt dessen mehr daheim. Sie schrieb Artikel, statt Reden zu halten, und tüftelte Resolutionsentwürfe aus, statt sich in langen Nachtsitzungen zu verschleißen. Die politische Frontkämpferin verwandelte sich allmählich in eine stille Schreibtischstrategin, und ihr Einfluß in der Partei wurde dadurch nicht geringer, sondern verstärkte sich eher noch.

Die Atmosphäre im Haus beruhigte sich. Lena und Vera kamen miteinander aus, wenngleich Lenas anfängliche Begeisterung für die neue Frau in Papas Schlafzimmer einer nüchterneren Betrachtungsweise wich. Sie akzeptierte, daß Vera krank gewesen war, ohne die traumatische Dimension von Veras Zustand zu erkennen – Kinderkriegen war doch so leicht! Vera half Lena bei den Vorbereitungen zum Quali, und Lena überließ Vera wieder öfter das Baby. Natürlich wollte meine Tochter nicht jeden Abend zu Hause bleiben. Sie tanzte und flirtete gern. Sie ließ sich die Haare wachsen; seit einiger Zeit waren sie hennarot. Ich paßte selber gern auf Christina auf, aber manchmal war ich eben auch nicht daheim, und dann kümmerte sich Vera um die Kleine; Babysittererfahrung hatte sie ja mehr als genug.

Es gab gelegentlich Streit, wenn Veras Fleiß und Ordnungsliebe mit Lenas *Laissez-faire* kollidierten. Meist erledigten sich diese Auseinandersetzungen von alleine, oft mußte ich vermitteln, manchmal ergriff ich Partei, selten richtete sich der Zorn beider Frauen am Ende gegen mich. Ich hielt das für normal – Familien sind keine Isolierzellen für aseptische Glückseligkeit. Im großen und ganzen gesehen, entwickelte sich in unserem neuen Vier-Personen-Haushalt überraschend schnell ein Gefühl der Zusammengehörigkeit.

***

Gab es Zeichen? Diese Frage stellt sich mir beim Schreiben dieser Zeilen inzwischen mit fast neurotischer Beharrlichkeit. Daß ich, wie in der Zeit vor Lenas Niederkunft, bei taghellem Himmel monatelang mit Blindheit geschlagen war, kann ich jedoch für dieses erste Halbjahr 1982 guten Gewissens verneinen.

Vera mußte nach ihrer Rückkehr aus der Nervenklinik regelmäßig Psychopharmaka einnehmen. Einmal fiel mir der Beipackzettel eines solchen Präparats in die Hände. Die Masse der potentiellen Nebenwirkungen las sich wie der Bericht aus einem Geheimlabor zur Entwicklung biologischer Waffen und verschlug mir fast den Atem: *Erbrechen, abdominelle Schmerzen, Bewegungsstörungen, Krampfanfälle, Menstruationsstörungen, Hormonveränderungen (Hyperprolaktinämie), Milchfluß,*

Hautausschlag und, selten, Pankreatitis sowie schwere Leber-
störungen (einschließlich Hepatitis, Gelbsucht und Leber-
versagen)... Ich hätte dieses Zeug nie angerührt, doch
Vera fügte sich. »Ich brauche es«, sagte sie. »Ich bekomme sonst Angst vor mir.«

Wir liebten uns. Irgendwo in diesen Aufzeichnungen
habe ich geschrieben, Vera sei immer nur zweite Wahl
gewesen. Ein grausames, unbedachtes Wort. Ich darf
Vera nicht in einen fiktiven Konkurrenzkampf gegen
Maria und meine Erinnerung schicken, in eine meta-
physische Arena, in der von Waffengleichheit nicht die
Rede sein kann. Ein brutales Bild rückte mir die Fakten
zurecht: Veras Gegenwart war Leben und Leidenschaft,
Marias Gegenwart eine Handvoll verrottender Knochen
in einem zerfallenden Sarg. Maria war Vergangenheit,
die Erinnerung an sie ein Vermächtnis.

Wir liebten uns und bauten Luftschlösser der Liebe
wie jedes verliebte Paar. Wörter, Worte und Bonmots,
Gesten, Blicke, Berührungen, Erlebnisse, Streit und
Versöhnung, der Naturwissenschaftler fügt Hormon-
ausschüttungen hinzu – so wuchs unsere Liebe wie ein
sich verdichtendes Pilzgeflecht im Boden, und unsere
Feinwurzeln berührten, umschmeichelten, umspan-
nen und umflochten einander in symbiotischer Har-
monie und tauschten Spurenelemente aus. Da wir die
Lebensmitte bereits überschritten hatten, beherrsch-
ten wir Bekanntes souveräner und waren für Neues
empfänglicher als in jungen Jahren. Die andere Seite
der Torschlußpanik ist Dankbarkeit für die geschenkte
Zeit. Wir schämten uns ihrer nicht, waren rastloser in
der Suche nach Erfüllung und offener im Begehren.

***

Mein Vetter Oskar und seine Frau Lisa waren mir die liebsten unter den *echten Ridderströms* und die einzigen, zu denen ich noch regelmäßig Kontakt hatte. Die Insel vor der Küste Ångermanlands, auf der sie in einem prachtvoll gelegenen, wenn auch leicht heruntergekommenen ehemaligen Herrenhaus lebten, war militärisches Sperrgebiet, das man als Ausländer nur mit Sondergenehmigung betreten durfte. Der Antrag, einzureichen beim *Norrlands Kusten Marinkommand*, war Formsache, sofern man über eine persönliche Einladung verfügte und die Verpflichtung unterschrieb, sich nur in einem Radius von dreihundert Metern ums Haus des Gastgebers herum aufzuhalten.

So martialisch diese Anweisungen klangen, so wenig wurden sie befolgt. Die strafbare Inselumrundung gehörte zum festen Besuchsprogramm für alle neuen Gäste, und so blieb auch Vera die Rundfahrt nicht erspart. Selbstverständlich begleitete ich sie dabei. Oskar deutete auf die Bunkeranlagen hoch oben auf der Felsenkuppe, sagte »eigentlich dürfen wir euch das gar nicht zeigen, aber so eng sehen wir das nicht«, und reichte Vera seinen Feldstecher, der ihm vor abendschwarzen Waldrändern schon tausend unsichtbare Elche ins Blickfeld geholt hatte. Vera staunte.

Wir blieben sechs Tage auf Hemsö. Am letzten Abend kamen die nahen und fernen Verwandten aus Härnösand und Sundsvall – »es ridderstroemt herbei«, kalauerte ich – und viele Jaspersons aus Lisas Familie, die auf der Insel lebten. Im Juli läßt sich in diesen Breiten der Tag von der Nacht nicht besiegen. Stig und Göran Jasperson, Lisas Brüder, spielten Ziehharmonika und Gitarre, jeder, der eine Stimme hatte, sang, und die, die es sich einbildeten, stimmten fröhlich ein. Der Geruch von Bratfisch und Röstkartoffeln hing in der Luft, man tanzte auf dem Rasen, wo ein Feuer brannte. Die junge Mutter mit dem süßen Baby wurde sehr bewundert und war mächtig stolz auf ihre kleine, schwarzhaarige Prinzessin. Die anderen Halbwüchsigen probierten ihr Englisch und ihr Deutsch an Lena aus, und Lena schlug sich wacker mit ihrem Hitparaden-Hauptschul-Pidgin durch. Spät in der Nacht schürte Oskar das Feuer im Saunaofen, und morgens um drei torkelten acht nackte Männer und Frauen aus dem Dampfbad in den Ångermanälv, von dem man nicht weiß, ob er hier noch Fluß ist oder schon Meer.

Vera war hingerissen von soviel Herzlichkeit und nordischer Exotik. Sie trug die Haare offen, ihre Augen glänzten. Wir standen nackt im Birkenwald hinterm Haus, selbst am frühen Morgen war die Luft noch lau.

»Gefall ich dir, Hans?«

»Und wie, Vera. Du bist schön.«

»Ja, ich fühle mich so schön wie nie. Und weißt du, warum?«

»Vielleicht.«

»Also?«

»Du entspannst. Du hast Urlaub.«

»Fast richtig.« Sie küßte mich, und ihre linke Hand wanderte zwischen meine Beine. »Mein Unterrichtsgesicht liegt daheim im Fach. Mein Elternsprechtagsgesicht hab ich verloren. Mein Rathausgesicht langweilt sich im Safe des Bürgermeisters. Mein Parteigesicht ist per Einschreiben nach Bonn unterwegs. Der Saunaschweiß hat mein Make up verwischt, und der Fluß hat es abgespült.«

»Ob du dich überhaupt noch erkennst? Soll ich dir einen Spiegel holen?«

»Nicht nötig. Mein Schoß ist mein Gesicht. Deine Lust ist mein Spiegel. Komm ...«

118

Sie zog mich weiter und weiter ins Wäldchen hinein, blieb aber immer in der Nähe des Wassers. Dort, wo sein leises Plätschern und Lappen am kiesigen Strand die trunkenen Gesänge der Feiernden übertönte, sanken wir auf die Rentierflechten und verflochten uns.

--- --- ---

30.4.1995

»Wie geht's dir, Hans?«

»So lala, Christina. Ich habe keine Schmerzen, aber ich fühle mich schwach.«

Sie hat sich innerlich schon von mir verabschiedet. Ihre Augen sind rotgeweint, ihr helles Gesicht wirkt schmaler als sonst. Sie hat mich ausgefragt, hat mich verhört und klammert sich jetzt, da alles gesagt ist, was ich sagen kann, nicht mehr an meine Worte. Sie ist nicht zufrieden mit dem, was ich ihr erzählt habe, will noch nicht akzeptieren, daß es über den Tod hinaus Tabus geben muß, wenn sie ihr junges, hoffnungsvolles Leben so weiterführen will wie bisher.

»Hast du noch einmal nachgedacht?«

»Ich denke dauernd nach, ich habe ja Zeit. Worüber, meinst du?«

»Über meinen Vater.«

»Doch, ja. Etwas ist mir noch eingefallen, eine Kleinigkeit nur. Also es stimmt, daß deine Mutter damals nach Italien ausgerissen ist. Als wir nach ihrem Tod ihr Zimmer ausräumten, fanden wir ein paar zerknüllte Lirescheine und einen Kassenzettel, er stammte aus einem Supermarkt in einem Ort namens Potosia. Ich erinnere mich an den Namen, weil es unter den Scarabaeidae eine Käfergattung gibt, die so heißt.«

»Hast du den Zettel noch?«

»I wo. Mein Gott, das war ein paar Wochen nach Lenas Tod! Was spielte es da noch für eine Rolle, wo sie sich damals herumgetrieben hatte.«

Christina springt empört auf. »Verdammt noch mal, du hättest meinen Vater trotzdem suchen können! Dieser Zettel war vielleicht ein wichtiger Hinweis!«

Ich blicke an die Zimmerdecke und antworte leise: »Ja, vielleicht. Aber ich bin mir nicht sicher, daß ich es damals noch wollte.«

»Was?«

»Deinen Vater finden.«

Christina dreht sich um, rennt aus dem Zimmer und wirft die Tür ins Schloß.

– – –

Am 5. August 1982 setzen wir wieder aufs Festland über und steuern unser Wohnmobil weiter gen Norden. Fünf Tage später erreichen wir das Nordkap – und haben Glück: Keine Wolke trübt den Himmel über dem steinigen Land und frischer Wind bläst die Insekten fort, die in Skandinavien selbst den leidenschaftlichsten Entomologen zur Verzweiflung bringen können.

Auf dem Parkplatz lernen wir einen langhaarigen amerikanischen Globetrotter kennen, Don Kauffman heißt er, ein witziger Typ mit jungenhaftem Charme, obwohl er sicher schon auf die Dreißig zugeht. Vera nützt die Chance, ihr Englisch zu üben; er aber scheint sich vor allem für Christina zu interessieren. »Such an intelligent look«, sagt er immer wieder, und »those beautiful dark eyes.« Die stolze Mutter Lena bekommt nur die Hälfte davon mit, hat aber nichts gegen die Komplimente.

Unter vier Augen sagt Vera zu mir: »Der ist hinter deiner Tochter her, Christina ist nur Mittel zum Zweck.«

Tatsächlich machen Don und Lena am Abend einen langen Spaziergang – einen etwas zu langen, wie ich mit einiger Empörung feststelle. Christina wacht gegen zehn Uhr abends auf und schreit. Vera holt sie aus ihrem Reisebettchen, wechselt ihr die Windeln und singt ihr etwas vor. Das Baby schläft in ihren Armen ein.

Wir werden Don so schnell nicht mehr los. Lena möchte am liebsten noch drei Tage am Nordkap bleiben, Vera denkt an die lange Rückreise und erinnert daran, daß die Schulferien in absehbarer Zeit zu Ende gehen. Wie immer in meinem Leben, entschärfe ich den beginnenden Konflikt mit einem Kompromißvorschlag.

»Wenn Don ohnehin auf einer ähnlichen Route wie wir zurückfährt, können wir ja noch eine Zeitlang zusammen reisen. Im Konvoi sozusagen.«

Lena ist einverstanden, besteht aber darauf, im klapprigen grünen VW-Bus des Amerikaners mitzufahren.

»Und Christina?«

»Die lasse ich bei euch. In Dons Wagen ist kein Platz für sie.« Vera, sonst schnell bei der Hand mit Appellen an die mütterliche Verantwortlichkeit, sagt nichts.

»Okay, Lena, du darfst mit Don fahren«, sage ich (es soll wie ein Machtwort klingen), »aber abends kommst du zu uns, haben wir uns verstanden?«

Lena zieht einen Flunsch, widerspricht aber nicht. Einer Fünfzehnjährigen kann man als Erziehungberechtigter ab und zu ruhig noch einmal moralische Weisungen erteilen (ob sie eingehalten werden, steht auf einem anderen Blatt). Aber einer fünfzehnjährigen jungen Mutter?

***

Ein Wortwechsel mit Vera im Wagen. Hinter uns schläft Christina im Reisebettchen.

»Du wirkst ein bißchen bedrückt heute, mein Schatz.«

»Ach, es ist nichts, laß mich in Ruhe«, erwidert sie gereizt.

»Na, wer wird denn gleich ... Was ich fragen wollte? Hast du deine Tabletten genommen?«

»Nein.«

»*Nein*? Wieso?«

»Vergessen. Auf der Insel.«

»Verdammt ... Vera, du weißt, daß du sie regelmäßig nehmen mußt. Mein Vorschlag: Wir ändern die Route und fahren nochmal bei Oskar und Lisa vorbei, was meinst du?«

»Bloß nicht. Ich hab' genug von deiner Sippe.«

Das erschreckt und erbost mich. Auf Hemsö und danach hat Vera nur von der schwedischen Gastfreundschaft geschwärmt, kein einziges kritisches Wort kam ihr über die Lippen. Ich schweige.

Nach ein paar Kilometern sagt Vera: »Und schick diesen Yankee fort. Mitsamt Lena am besten. Ich ertrage dieses unreife, triebhafte Kind nicht mehr.«

Ich sage kein Wort. Im nächsten Ort halte ich an einer Apotheke und versuche, Veras Mittel zu bekommen. Ohne Rezept geht nichts, doch es gelingt mir mit meinem Dreißig-Minuten-Charme, die Apothekerin wenigstens zur Herausgabe einer unverkäuflichen Musterpackung zu bewegen.

Vera sitzt reglos auf ihrem Sitz.

»Komm, nimm das.«

Sie nimmt mir die Schachtel aus der Hand und steckt sie ungeöffnet in die Tasche. »Nein. Nie wieder. Das Zeug macht mich krank, es verändert meine Persön-

lichkeit, ich werde lammfromm und lasse mir alles gefallen.«

»Dann eben nicht.« Ich schweige und schlucke meinen Ärger hinunter.

Nur keinen Streit, die Kleine schläft doch so schön.

***

Jämtland, Moorland, Gebirgsland, 14. August 1982.
Das Wohnmobil und Dons Gefährt parken im rechten
Winkel zueinander auf einer Waldlichtung in der Mitte
von Nirgendwo, im Waldmeer weitab der großen
Straße. Vor der endgültigen Rückreise wollen wir hier
noch ein paar Tage bleiben, ausspannen, wandern. Wir
haben eine Blockhütte gemietet, um etwas mehr Platz
zu haben.

***

Filigran spinnt *Linnaea borealis*, hauchzartes Kronrosa
in nickenden Kelchen, ihr Stengelnetz übers Urgestein.
Auch das ist Liebe, Familiensinn. Kauernd vor einem
grauen, flechtigen Felsblock zeige ich Lena, der hennaroten, flippigen aus der Disco-Generation, wie sich die
kriechenden Stengel zu Matten verzweigen und in ge-
netisch vorgegebener Geometrie senkrechte Blüten-
stände nach oben schicken.

»Lena«, sage ich, »verkleinere dich. Denk dich so
klein wie Christina, so klein wie eine Rote Waldameise,
während alles andere bleibt, wie es ist. Da werden auf
einmal die Blüten so groß wie Kirchenglocken, die Blätter wie runde Tischplatten, die Stengel am Boden zu
breiten Starkstromkabeln oder prallen Feuerwehr-
schläuchen.«

Lena lacht. »Du spinnst, Paps!«

Aber sie läuft nicht davon, und als Christina, die neugierige Krabblerin, am Waldrand hinter unserem Stellplatz eine feuerrote Blume abrupft und sie sich in den Mund stopfen will, ruft Lena mir zu: »He, Papa, wie heißt das Zeug?«

»Das ist ein Orangerotes Habichtskraut, mein Schatz.« Überflüssigerweise füge ich noch den lateinischen Namen hinzu: »*Hieracium aurantiacum*«.

»Ein Habichtskraut ist das«, höre ich sie wiederholen, »hörst du, Christinchen? Sowas frißt man nicht. Das lernt man. Hierumquakium auweia, merk dir das.«

So fängt's an, denke ich bei mir. Vielleicht tritt die Kleine mal in meine Fußstapfen.

***

Vera ist nicht mehr böse auf mich, aber sehr still, sehr ernst, fast depressiv. Mit einem gewissen Unbehagen sehe ich, daß sie Christina stundenlang im Känguruhbeutel mit sich herumträgt, während Lena mit Don durch die Wälder streift.

***

15. August 1982: Ich weiß noch, daß ich gegen sechs Uhr zum erstenmal leicht ungeduldig auf die Uhr sehe. Wir wollen um sieben Uhr essen. Ich habe Küchendienst und die Kartoffeln schon aufgesetzt (auf dem Campingkocher dauert es ewig, bis das kalte Bachwasser endlich heiß ist). Vera wollte noch ein paar Pfifferlinge sammeln oder was sich sonst so an Pilzen findet. Das kann nicht schwer sein hier im Gelände; die Pfifferlinge wachsen gern längs der Pfade im Moos, vor allem unter

den jungen Fichten, andere Sammler haben wir weit und breit nicht gesehen. Warum braucht sie so lange? Wir müssen die Pilze noch waschen und putzen, außerdem sind Pfifferlinge schwer verdaulich und müssen länger schmoren als andere.

Lena und Don haben sich den ganzen Tag nicht blicken lassen, wissen aber, daß es um sieben Essen gibt. Die zwei sind inzwischen fast unzertrennlich. Du mußt dir diesen nicht mehr ganz jungen Mann mal zur Brust nehmen, beschließe ich, während ich, die Küchenschürze vor dem Bauch, die Sauce abschmecke. Ein Glück, daß Lena die Pille nimmt – hoffentlich konsequenter als Vera ihre Medikamente. Ich finde inzwischen auch, daß meine Tochter ihr Kind etwas vernachlässigt – na ja, sie hat ja uns. Christina hangelt sich an der Stoßstange unseres Wohnmobils entlang. Bald wird sie ihre ersten freien Schritte tun.

Halb acht. Nein, dunkel wird es noch nicht im skandinavischen Sommer, doch statt der Dämmerung senkt sich Nebel über Wiesen und Wälder.

Acht. Niemand ist zu hören oder zu sehen. Ich studiere die Karte. Lena und Vera haben beide einen Kompaß dabei und sind von mir in dessen Benutzung eingewiesen worden. Ich bin kein Greenhorn. Ob der Ami sich in der Wildnis zurechtfindet, weiß ich nicht, aber warum eigentlich nicht? Er kommt aus einem Nest in Minnesota, da sieht die Landschaft ganz ähnlich aus. Die Sonne geht im Westen unter; um wieder auf unsere in Süd-Nord-Richtung verlaufende Straße zu finden, müssen sie nur strikt nach Westen gehen.

Meine innere Unruhe überträgt sich auf das Kind. Christina schreit. Ich wickle sie, gebe ihr die Flasche, klopfe ihr den Rücken, bis der große Rülpser kommt und mir mit Magensaft vermischte Milch über die Schulter trieft. Glücklicherweise schläft sie problemlos ein.

Was tun? Der nächste Weiler ist zwanzig Kilometer entfernt. Soll ich hinfahren und Hilfe holen? Zur nächsten Teerstraße sind es nur etwa acht Kilometer über eine Schotterpiste.

Gegen Viertel vor neun taucht unterhalb unseres Parkplatzes, wo die Wiese leicht geneigt zu einem Bach abfällt, eine Gestalt zwischen den düsteren Fichten auf. Es ist Don. Na endlich, denke ich erleichtert und nehme den Topf mit den Pellkartoffeln vom Feuer. Daß er Lena im Schlepptau hat, setze ich voraus. Erst als er bei mir am Wagen steht und ich seine müden Augen sehe, die mit Nadeln und Ästchen verfilzte Mähne und die oberhalb des linken Knies aufgerissene Hose, spüre ich, daß etwas passiert sein muß.

»Wo ist Lena?« will ich wissen.

Don wendet den Blick ab, zuckt die Schultern, sieht sich um. »I don't know«, *sagt er.* »I thought she'd be here by now. I've lost her.« Er läßt mich stehen, humpelt zu seinem VW-Bus, holt ein Erste-Hilfe-Set, kommt zurück, läßt sich schwerfällig neben mir auf dem Campingstuhl nieder und krempelt das zerrissene Hosenbein hoch. Während er sich mit spitzen Fingern Jodtinktur auf die blutige Kniewunde tropft, fragt er mich angstvoll, ob man hier in Europa Wundstarrkrampfinfektionen fürchten müsse.

»Nicht wenn du die Wunde rechtzeitig desinfizierst«, sage ich.

Plötzlich springt er auf. »Something is wrong, Hans. Let's call the police!«

Das klingt so hart und gnadenlos überzeugend, daß ich sofort zum Wohnmobil laufe, in dem das Kind

126

schläft, und den Amerikaner zum Einsteigen nötige. Es ist kurz vor neun. Auch Vera ist nun schon seit fast zwei Stunden überfällig.

Auf der Fahrt erzählt mir Don stockend seine Version von den Ereignissen im Jämtländer Wald. Er wird sie in den nächsten Tagen mehrfach wiederholen.

Die beiden waren am Vormittag zu einer Wanderung entlang des Bachlaufs aufgebrochen. Ungefähr zwei Kilometer nördlich unseres Standplatzes erreichten sie einen Wasserfall, an dessen Fuß der Bach einen kleinen Felsenteich ausgewaschen hatte; dort hätten sie gebadet. Sex? Nein. Äh, ja, aber nicht richtig. »Some heavy petting«, gibt er später zu, und dabei bleibt er. Am Nachmittag hätten sie eine Lichtung gefunden, auf denen reife, süße Himbeeren wuchsen – »billions of them, I guess« – und hätten sich die Bäuche vollgeschlagen, auch mit Heidelbeeren. Dann der lächerliche Streit: Er, Don, wollte am Bach entlang zurückgehen, also auf dem gleichen Weg, auf dem sie gekommen waren. Lena war das zu langweilig.

Ich kann mir das gut vorstellen: Meine Tochter brauchte action, Abenteuer, Nervenkitzel – Herrgott, ihre Mutter war auch eine Draufgängerin, der kein Baum zu hoch, kein Bach zu breit und kein Auto schnell genug war.

Die beiden trennten sich. Lena kletterte die steile Bachböschung hinauf; sie wollte noch den Bergrücken auf der Ostseite erforschen und sich dann in einem Bogen um dessen Südhang herum wieder zur Straße durchschlagen.

Don sagte, er habe sie gewarnt, allein durch die Wildnis zu laufen, aber Lena habe ihn ausgelacht. Sie kenne die Himmelsrichtungen, und Bären gebe es hier keine. (Hier irrte sie, aber das spielte keine Rolle.)

127

Kann ich dem Amerikaner glauben? Ich schwanke zwischen Verständnis und Angst. Wieso habe ich ihm meine Tochter anvertraut? Nimmt der Kerl vielleicht Drogen? Ist er gar ein flüchtiger Gangster oder ein Verrückter? Ein Charles-Manson-Epigone, *helter-skelter?* Habe ich mir einen Wahnsinnigen ins Wohnmobil geholt wie Herr Biedermann einst die Brandstifter? Abstruse Gedanken schießen mir durch den Kopf.

Was Don erzählt, klingt ganz normal: Zunächst sei er tatsächlich am Bach entlang zurückgegangen. Er habe sich über Lenas Starrsinn geärgert, doch nach ungefähr einer Stunde sei dann die Sorge größer gewesen als der Ärger. Am Südwestrand des Bergrückens, den Lena weiter nördlich überqueren wollte, habe er das Bachtal verlassen und sei in das Gebiet vorgedrungen, in dem er Lena vermutete. Nur sei er nicht weit gekommen. Westlich der Anhöhe erstreckte sich ein ausgedehnter Sumpf ohne Weg und Steg. Aber dann, so gegen fünf, habe er Schreie gehört – »desperate cries, Hans. It was her. It was Lena. Far away, I couldn't get closer.«

***

Ich war dabei, als gegen Mittag des folgenden Tages Vera gefunden wurde. Vom Regen, der in der Nacht gefallen war, bis auf die Haut durchnäßt, lag sie wie tot zwischen zwei Felsblöcken in einem Kiefernwald südlich unseres Standorts. Arme, Beine und Gesicht waren rot und unförmig angeschwollen durch Hunderte von Mückenstichen. Neben ihr lag der Pilzkorb; Pfifferlinge und Maronen, Steinpilze, Ziegenlippen und Goldröhrlinge waren herausgekullert. In ihrer Anoraktasche fand man die leere Tablettenschachtel.

Am Spätnachmittag verbellte ein Suchhund der Polizei Lenas Leiche. Sie steckte in einem Loch aus zähflüssigem Torf, nur ihre langen, hennaroten Haare waren zu sehen, kreisförmig aufgefächert – eine tote Sonne auf pechschwarzem Schlamm. Die Umgebung war zerquirlt von rudernden Armschlägen, zwischen den starren Fingern steckten zerquetschte grüne Torfmoosbüschel – und ein kleiner Kompaß an einer braunen Kordel. Sie mußte ihn sich im Todeskampf vom Hals gerissen haben.

Die Männer, die die weiß bedeckte Bahre die Straßenböschung hinaufhievten, stolperten, schwankten, fingen sich aber wieder, ehe ihnen ihre Last entgleiten konnte.

Ich konnte nicht weinen. Ich konnte auch nicht ausrasten wie Don, der seine Verzweiflung und Wut in die Wälder brüllte. Ich durfte weder ausfällig werden noch ausfallen.

Vor mir lag Christina auf einer Plastikdecke, sabberte, gluckste, strampelte – und stank zum Himmel.

***

Die schwedische Polizei ermittelte gegen Don Kauffman wegen unterlassener Hilfeleistung und gegebenenfalls Schlimmerem, fand aber keine Widersprüche in seinen Aussagen. Ein Lokaltermin wurde angesetzt. Die Ermittlungsbeamten wanderten mit ihm noch einmal am Bach entlang zur Himbeerlichtung, fanden dort die abgeernteten Sträucher und konnten auf dem Rückweg sogar die beiden Stellen entdecken, an denen zunächst Lena und dann Don das Bachbett verlassen hatten. Lena war auf einem schmalen Streifen halbwegs festen Bodens ins *Trollamossen* gelangt und hatte dann offenbar eine Abkürzung über die tückische Moorfläche gesucht. Es war, im wahrsten Sinne des Wortes, bodenloser Leichtsinn, und doch hätte sie es beinahe geschafft: Erst unmittelbar vor dem Südwestrand des Moores rutschte sie ab und versank. Als Don die Schreie hörte, befand er sich – auch diese Stelle ließ sich wiederfinden – etwa neunhundert Meter nördlich von ihr, hatte aber, da ihm jede Ortskenntnis fehlte, keine Chance, zu ihr durchzukommen. Die Polizisten, die ihn in den Verhören ziemlich scharf rannahmen, gaben ihm den vorübergehend eingezogenen Paß zurück und ließen ihn laufen.

Ich sah ihn noch kurz vor seiner Abfahrt in dem kleinen Hotel in Östersund, wo wir untergekommen waren. Der Mann war fix und fertig, seine Trauer grundecht. Wir tauschten unsere Adressen aus. Er bat mich um ein Foto von Lena und Christina, und ich versprach, ihm eines zu schicken.

Die Polizei ermittelte weiter in alle Richtungen. Nicht daß ein konkreter Verdacht vorgelegen hätte – aber die merkwürdige Koinzidenz von Veras Selbstmordversuch und Lenas Tod machte sie mißtrauisch. Ich wurde verhört und erzählte, daß ich Küchendienst hatte und außerdem als Babysitter eingeteilt war – eine Aussage, die von den anderen beiden bestätigt wurde. Wie ich mir den Selbstmordversuch meiner Frau erklärte? Ich berichtete von ihren Depressionen und dem Aufenthalt in der Nervenklinik (ohne allerdings die Scheinschwangerschaft und deren Ursache zu erwähnen; ich zog es vorübergehend in Erwägung, unterließ es dann aber). Daß die Unterbrechung einer medikamentösen Therapie bei psychisch Kranken zu abrupten Stimmungsschwankungen und schweren Rückfällen führen konnte, war den geschulten Beamten bekannt, ebenso

die Gefahr der Überdosierung dieser chemischen See-
lenkeulen. Ich bat den Kommissar, der Apothekerin,
die mir vorschriftswidrig die Musterpackung ausgehän-
digt hatte, keine Schwierigkeiten zu machen.

»Das überlassen Sie mal uns«, sagte der Mann, doch
er wirkte nicht wie jemand, der sich gern auf Neben-
kriegsschauplätzen verausgabte.

Vera erwachte vier Tage nach der Einlieferung ins
Krankenhaus aus dem Koma und konnte sich nur noch
erinnern, daß sie in den Wald gegangen war und nach
etwa zwanzig Minuten einen Fleck mit an die Hundert
Pfifferlingen gefunden hatte. Danach sei der Faden gerissen, gab sie zu Protokoll und beantwortete alle weiteren Fragen mit »Ich weiß es nicht.«

Lenas Schreie? »Nein, ich habe nichts gehört.«

Die Stelle, an der man Vera gefunden hatte, lag ungefähr zwei Kilometer südlich von diesem verfluchten
Torfloch, das meiner Tochter zum Verhängnis geworden war. Das Gelände dazwischen war relativ leicht be-
gehbar, doch auch hier fragten sich die Polizisten, wie
eine Ortsunkundige, die nachweislich von Lenas leicht-
sinniger Tour durchs Moor keine Ahnung hatte, diesen
Weg hätte finden sollen.

Die Obduktion bestätigte, daß Lena im Schlamm er-
stickt war. Anzeichen für ein Fremdverschulden fand
man nicht. Die Ermittlungen wurden eingestellt – wozu
meine Prominenz und meine Schwedischkenntnisse sicher ihr Teil beigetragen hatten. Am 25. August 1982
gaben die Behörden Lenas Leiche frei und stimmten
der Überführung nach Deutschland zu.

Der Gedanke an eine lange einsame Heimfahrt mit
der labilen Vera und dem verwaisten Kind war mir unerträglich. Oskar Ridderström kam und nahm unser
Wohnmobil mit auf die Insel; im nächsten Jahr brach-

ten er und Lisa es uns nach Deutschland. Vera, Christina und ich flogen von Östersund aus nach Stockholm und von dort nach Hause.

− − −

1.5.1995

Morgens klopft es vorsichtig an der Tür. Als ich »Herein!« rufe, kommt Christina mit dem Frühstückstablett – ein Täßchen Kraftbrühe, grüner Tee und ein Zwieback. Sie setzt sich zu mir, wie gewohnt.

»Ich möchte mich entschuldigen, weil ich gestern so wütend geworden bin«, sagt sie gefaßt.

»Du hattest ja recht. *Ich* muß mich entschuldigen. Es war gedankenlos von mir – damals, als ich den Zettel wegwarf, und gestern, als ich so salopp darüber sprach.«

»Meine Mutter hat sich in Italien nicht herumgetrieben. Sie hat Marias Grab besucht.«

»Wie kommst du denn darauf?«

»Ich habe nachgesehen. Dieses Potosia liegt in der Nähe von Verona. Da ist doch das Grab von der Oma Maria, oder?«

»Was?« schreie ich. Es ist mehr ein Krächzen.

»Gibt es dort noch Verwandte von der Oma Maria?«

»Ja, sicher. Aber ich hatte nie Kontakt zu ihnen. Niemand aus dieser Familie hat sich nach dem Tod deiner Urgroßeltern Grassi je nach Lena erkundigt, geschweige denn nach dir.«

»Hat meine Mama sich denn nach den Grassis erkundigt?«

Ich zögere. *It rings a bell*, hatte Quem immer gesagt, wenn er nach Längstvergangenem gefragt wurde. Auch was das Kokettieren mit englischen Redensarten betraf, war er in Deutschland ein Pionier.

»Ja, das stimmt. Ein paar Wochen vor ihrem Verschwinden kam sie eines Vormittags in mein Arbeitszimmer und wollte von mir wissen, ob sie noch Onkel und Tanten in Italien habe.«

»Und was hast du geantwortet?«

»Ich ... ich hatte keine Zeit. Ich war kurz angebunden, vielleicht etwas unwirsch ... Nein, Onkel und Tanten hatte sie keine, Maria war ein Einzelkind. Aber weitläufige Verwandte gab es sicher noch.«

Auch das ist nicht die ganze Wahrheit: Ich hatte Lena die gewünschten Informationen vorgeworfen wie einem Hund eine Handvoll Knochen. Und dann gezetert: Mußt du mich immer bei der Arbeit stören? Wieso bist du nicht in der Schule?

Christina senkt den Kopf und flüstert: »Sie war verdammt einsam, meine Mama. Reißt nach Italien aus, um sich mit ihrer toten Mutter zu unterhalten.« Sie sieht mich an: »Was war denn das für ein Käfer, den du damals gerade untersuchen mußtest?«

– – –

Die Jahre vergingen, und in mir schwelte ein stiller, niemals offen ausgesprochener Verdacht, unlöschbar wie ein Torfbrand im Moor. Er war bei mir, wenn ich arbeitete, wenn ich kochte, wenn ich einschlief – und manchmal sogar, wenn ich die Frau liebte, der der Verdacht galt. Er begleitete mich auf Wanderungen, Konferenzen und bei meinen Fernsehauftritten. Manchmal war er so stark, daß ich die detailreiche Wanderkarte aus Jämtland zur Hand nahm, mit dem Zeigefinger über das blaugestrichelte Moor fuhr, mit dem Lineal Entfernungen maß und auf einem Blatt Papier Berechnungen anstellte.

Doch, ich habe mit Vera über die Ereignisse gesprochen – mehrmals sogar. Ja, sagte sie, der Tablettenentzug sei furchtbar gewesen; sie sei in einen Abgrund der Depression gestürzt, habe sich eingebildet, Lena, der Amerikaner und ich hätten sich gegen sie verschworen und so weiter. Sie sei sich irgendwie »mißbraucht« vorgekommen, weil Lena ihr das Kind »aufgehalst« habe, um ungestört mit Don allein sein zu können; ihr ganzes Leben lang hätten glückliche Mütter ihre Kinder bei ihr abgegeben, ohne zu ahnen, wie weh sie ihr damit taten.

Sie erinnerte sich noch an die Pilze und an den Augenblick, da sie die Tabletten aus der Tasche gezogen, ausgewickelt und hinuntergeschlungen hatte. »Danach bin ich gerannt. Dann kam der Filmriß.«

Schon bald wollte sie dann aber nicht mehr auf die Ereignisse angesprochen werden.

***

Ich sah Lena überall, meine kleine, unglückliche Lena, die nach den Ferien ihre Lehrstelle als Floristin hätte antreten sollen. Immer wieder erinnerte ich mich an jene Aufwallung aus Vater- und Großvaterstolz, die mich überkommen hatte, als sie sich am Tag vor ihrem Tod meinen Vortrag über *Linnaea borealis* anhörte und nach dem Namen des Habichtskrauts fragte – unser letztes Gespräch, von ein paar Belanglosigkeiten beim nächsten Frühstück abgesehen. Ich war so froh, daß sie sich zu ihrer mütterlichen Verantwortung bekannte, und fest überzeugt, daß sie sich gefangen hatte, wofür ja schon der Haarfarbenwechsel von Giftgrün zu Hennarot sprach . . .

Als ich zum erstenmal nach unserer Rückkehr aus Schweden die Einliegerwohnung betrat und das Chaos sah, das Lena dort hinterlassen hatte, warf ich mich auf das ungemachte Matratzenlager und konnte endlich meinen Tränen freien Lauf lassen. Ich heulte stundenlang, bis ich durchs offene Fenster im Stockwerk darüber Christina weinen hörte. Ich ging hinauf, wickelte sie und gab ihr zu essen; dann brachte ich ihr Bettchen, das Ställchen, die Stofftiere und die Anziehsachen aus dem Souterrain ins Gästezimmer, sperrte die Einliegerwohnung ab – und traute mich aus Angst vor meinen Gefühlen wochenlang nicht mehr hinunter.

Vera kam erneut in die Klinik, erholte sich aber überraschend schnell, und als sie entlassen wurde, stand unser Entschluß fest: Wir würden das Haus verkaufen und umziehen. Es war mir zu groß, und ich wußte, daß mich hier auf Schritt und Tritt die Erinnerungen an Lena verfolgen würden. Ein Vierteljahr später zogen wir in eine große Fünfzimmerwohnung am anderen Ende der Stadt.

Und zum Selbstschutz erfanden wir die Legende vom Goldenen Schuß: Wer es hörte, schwieg betreten, aber jeder traute ihn Lena zu. Die unausgesprochenen Vorwürfe ertrug ich leichter als ständige Nachfragen, die ich nicht hätte beantworten können.

***

Wer immer diese Zeilen liest, wird sich fragen, wie ich es fertigbrachte, trotz des quälenden Verdachts weiter mit Vera Ridderström-Kalitz zusammenzuleben. Ich habe mir auch selbst immer wieder diese Frage gestellt und kann sie abschließend wie folgt beantworten:

Lenas Tod brachte mich selber an den Rand der Verzweiflung. Die seltsamen Parallelen zum Tod ihrer Mutter, die ebenfalls unter ungeklärten Umständen in einer fremden Wildnis ums Leben gekommen war, rissen alte Wunden auf. Meine latente Veranlagung zur Depression brach sich Bahn, und ich bin überzeugt, daß ich über kurz oder lang freiwillig aus dem Leben geschieden wäre, wenn da nicht – und auch hier wiederholten sich die Ereignisse –, wenn da nicht Christina gewesen wäre, meine verwaiste Enkelin. Am Tag ihrer Geburt hatte ich geschworen, immer für sie dazusein, ihr den Vater zu ersetzen und an ihr alles gut zu machen, was ich bei ihrer Mutter falsch gemacht oder versäumt hatte. Diese Selbstverpflichtung – der heimliche Verrat an Lena! – hielt mich aufrecht und gab mir die Kraft zum Weiterleben. Anders gesehen: Ich hatte eigennützig auf eine zweite Chance gehofft. Nun bekam ich sie – aber um welchen Preis!

Maria und ich hatten Lena, als wir damals nach Guatemala flogen, alleingelassen, und als ich zurückkehrte, war unser Kind krank und fürs Leben gezeichnet. Schon die gemeinsame Skandinavienreise mit Lena und dem Baby war ein erster, wenn auch noch weitgehend unbewußter Schritt zur Wiedergutmachung gewesen.

Nach dem Tod meiner Tochter steigerte sich der Vorsatz, diesmal alles anders – sprich: richtig – zu machen, zur Besessenheit.

Lena war ohne Mutter aufgewachsen. Hatte ich es versäumt, mich rechtzeitig um eine geeignete Stiefmutter zu kümmern? Lächerlich, geeignete Stiefmütter müssen auch geeignete Ehefrauen sein, sonst gibt's nur Streit und Ärger, und das Kind hat darunter zu leiden – man denke an Schneewittchen. In den für Lena entscheidenden Jahren war mir die Richtige nicht begegnet. Doch jetzt gab es Vera, deren Stimme, Geruch und Wärme das Baby kannte und bei der es sich zweifellos geborgen fühlte. Und natürlich war Vera bereit, das Kind aufzuziehen. Nicht allein mein Gelübde verbot mir also, das Kind zur Adoption freizugeben, sondern auch die Loyalität zu meiner Frau. Nach allem, was sie durchgemacht hatte, konnte ich ihr das Kind nicht mehr nehmen.

Ich entschloß mich, mit allen zu leben: mit Christina, mit Vera – und mit dem Verdacht.

***

Vera war eine gute Mutter, eine sehr gute sogar (ich könnte auch sagen eine zu gute, aber das wäre gehässig). Sie trat vom Amt der Stellvertretenden Schulleiterin zurück und reduzierte ihre Stundenzahl. Sie überließ nichts dem Zufall und übersah nichts – keine Mahlzeit, keinen Impftermin, kein altersgemäßes Spielzeug. Alle Steckdosen wurden gesichert. Wenn sie am Klavier saß und spielte, stand die Tür zum Kinderzimmer offen. Als Christina vier war, suchte Vera ihr einen Kindergarten aus, in dem viel musiziert und neben Deutsch auch Französisch gesprochen wurde.

Ich erkannte bald, daß ich ohne Vera meinen Schwur nie würde erfüllen können. Mein Beruf ließ mir nicht genug Zeit für das Kind – genausowenig wie damals bei Lena, nur war ich inzwischen nicht mehr so blauäugig. Immer wieder stellte ich mir die Frage, was aus Lena trotz ihrer Behinderung hätte werden können, wenn sich ein Mensch so intensiv um sie gekümmert hätte wie Vera später um ihre Tochter.

Aber war Christina noch Lenas Tochter? Die biologischen Fakten traten in den Hintergrund.

Es begann mit der Sprache. Als Christina bald nach unserer Rückkehr aus Schweden ihre ersten Worte brabbelte, gehörten dazu automatisch Papa und Mama, und in unserer neuen Umgebung, wo Lena kein Mensch gekannt hatte, nahm man uns das auch ab. 1985, als Christina in den Kindergarten kam, war Vera fünfundvierzig (sie sah wesentlich jünger aus). »Reife Mütter« gab es in dem gutbürgerlichen Stadtteil eine ganze Reihe, Ärztinnen und Anwältinnen darunter, auch eine bekannte Professorin für Steuerrecht. Weder vertuschten wir die wahren Verhältnisse noch propagierten wir sie. Den jüngeren Müttern und Vätern von Christinas Altersgenossen war Vera rhetorisch und intellektuell weit voraus – das Amt der Elternsprecherin fiel ihr vom ersten Schuljahr an zu. Jeder Lehrer und jeder Direktor hatte vor der mit allen schulpolitischen Wassern gewaschenen Kollegin und Stadträtin Respekt.

Lange diskutierten wir darüber, ob und wann wir das Kind über seine wahre Herkunft aufklären wollten. Vera zögerte, ich wollte eine klare Strategie. Christina nahm uns mit dreieinhalb Jahren die Entscheidung aus der Hand, als sie von uns plötzlich vehement eine Oma und einen Opa forderte, so wie Einzelkinder manchmal nach einem Geschwisterchen verlangen.

»Wir *sind* deine Oma und dein Opa«, sagte ich behutsam.

»Nein! Du bist der Papa und du –« sie zog den Finger aus der Nase und zeigte auf Vera –, »du bist die Mama!«

»Paß mal auf, mein Kleines, wir erklären dir das jetzt . . .«

Christina nahm die Aufklärung ziemlich gleichmütig hin; was es bedeutete, daß ihre leibliche Mutter »tot« war, begriff sie noch nicht. Eine Zeitlang sagte sie Mama-Oma zu Vera und Papa-Opa zu mir, ehe sie wieder zum gewohnten Mama und Papa überging. Damit war das Thema enttabuisiert. Es kam zu einigen komischen Szenen, wenn sie mit anderen Kindern sprach, die – anders als sie – zwischen Eltern und Großeltern unterschieden. Einmal hörten wir sie im Kinderzimmer triumphieren: »Aber mein Papa ist auch mein Opa! Deiner ist nur dein Papa, bäääh!«

***

Mein Bekenntnis

III.

Handschriftliche Aufzeichnungen

Nach Lenas Tod lockten mich die Wälder und Moore Skandinaviens nicht mehr. Es war, als hätten sie ihre Unschuld verloren. Jeder Gedanke, jedes Bild, jeder Fernsehbericht rief schmerzhafte Erinnerungen hervor. Zweimal mußte ich aus beruflichen Gründen nach Stockholm fliegen, doch, anders als früher, verließ ich die Stadt nicht, sondern kehrte nach Abschluß der Verhandlungen mit unseren schwedischen Partnern unverzüglich nach Hause zurück.

Erst die Reaktorkatastrophe von Tschernobyl brachte mich wieder in die nordischen Wälder. Die radioaktive Wolke verseuchte weite Teile Skandinaviens, darunter vor allem die Tundra im hohen Norden, in Lappland. Mehr als andere Pflanzen reicherten die dortigen Flechten Radionukleide an; überall ergaben die Becquerelmessungen astronomische Werte. Von den Flechten ernährten sich die Rentiere, und die Rentierzucht war die Existenzgrundlage der Lappen.

Es war nur eine Frage der Zeit, bis mein Sender mir, dem Zoologen skandinavischer Herkunft mit guten Sprach- und Landeskenntnissen, den Auftrag für eine umfassende Filmdokumentation erteilte. Im Sommer 1987 flog ich mit meiner Crew nach Tromsö und bereiste von dort aus Troms und Finnmark in Norwegen, Inari Lappi und Enontekiön Lappi in Finnland sowie die nordschwedischen Provinzen Torne Lappmark und Lule Lappmark, wo sich eine Tragödie abspielte: Zu Tausenden mußten die verstrahlten Rentiere abgeschossen werden. Zwar sorgten die Regierungen der drei Länder mit Ausgleichszahlungen dafür, daß sich die wirtschaftliche Not in Grenzen hielt, doch konnten sie das seelische Leid der Menschen kaum lindern. Viele begriffen die Gefahr nicht, die von dem verseuchten Fleisch ausging: Radioaktivität ist nicht sichtbar,

nicht hörbar, nicht fühlbar. Man sah nur Regierungs-
beamte aus dem Süden, die mit knisternden Geräten in
der Landschaft herumfuhren und am Ende die scheinbar gesunden Rentierherden zum Tode verurteilten.

***

Nach Abschluß der Dreharbeiten hängte ich ein paar
Tage Urlaub an, um Oskar und Lisa zu besuchen. Ich
mietete mir in Tromsö einen Volvo-Kombi, der groß genug war, um notfalls darin übernachten zu können,
und fuhr gen Süden.

Endlose Straßen durch endlose Wälder. Ungezählte
blaue Seen (auch sie verseucht). Die lustigen Elch-
Warnschilder. Ab und zu eine Lichtung, eine Siedlung,
eine Holzkirche und eine Tankstelle. Am Horizont im
Südwesten die Berge mit ewigem Schnee auf den Kup-
pen.

Ich hatte zu viel Zeit zum Nachdenken auf dieser
Fahrt und merkte, daß mir das Grübeln schlecht bekam. Also nahm ich an einer Tankstelle einen Tramper
mit, Maurice Demoulin, Frankokanadier, dunkelhaa-
rig, vielleicht fünfundzwanzig Jahre alt, Architekturstu-
dent.

Einen Tag lang hatte ich nur Selbstgespräche ge-
führt. Nun wurde ich geschwätzig und erzählte ihm von
der Tragödie, die sich vor fünf Jahren im Trollmoor zu-
getragen hatte. Es tat gut, mit jemandem darüber zu reden, der diese Lebensbeichte nicht gleich wieder nach
europäischer Art problematisieren, sondern als interes-
santes Ferienerlebnis verbuchen und mit sich über den
Teich nehmen würde. Ich erzählte und erzählte, sogar
von Maria und ihrem mysteriösen Tod, und fand in
Maurice einen geduldigen Zuhörer.

In Trondheim trennten sich unsere Wege, da mein Begleiter zurück nach Oslo wollte. Ich fuhr auf der E 14 nach Schweden, um über Östersund nach Härnösand an den Bottnischen Meerbusen zu gelangen.

Es kam mir vor, als hätte man Lena erst gestern aus dem Sumpfloch gezogen. Was vor der Begegnung mit Maurice Demoulin nur unangenehm gewesen war, wuchs sich jetzt, da ich wieder allein war, zu einer wahren Grübelorgie aus. Mir war übel und etwas schwindelig. An einer Tankstelle trank ich einen doppelten Espresso. Danach klopfte mir das Herz bis zum Hals, und das Luftholen fiel mir schwer.

Ich fuhr weiter, stundenlang. Nein, meinen Verdacht gegen Vera hatte ich diesem fremden Menschen gegenüber nicht erwähnt, doch war er so stark, so albtraumhaft lebendig wie schon lange nicht mehr. Die Landschaft gab ihm neue Nahrung: Wälder, Seen, Flüsse und Moore, so weit das Auge sah. Ein Blick auf die Karte verriet mir, daß der Ort des Geschehens nur mehr etwa hundertfünfzig Kilometer entfernt lag – und das ist in den nordischen Weiten eigentlich keine Entfernung ...

Was bringt es, wenn du hinfährst und dir die Gegend noch einmal ansiehst? dachte ich. Sparsam, wie ich war, hatte ich vor der Reise sogar die alte Karte eingepackt, auf der die Stellen eingetragen waren, an denen Lena und Vera damals gefunden wurden. *Trollamossen* ... das Moor der Trolle – es hatte in unseren Ohren damals so geheimnisvoll und irgendwie putzig geklungen, weil Trolle für uns so aussahen, wie John Bauer sie gemalt hat: häßliche, herzige, knuddelige, drollige Lang- oder Knollennasen im Waldesdunkel.

Und wenn Lena einem *bösen* Troll begegnet war, der in seinem Sumpf keine Eindringlinge duldet?

Du wirst verrückt, Ridderström, wo bleibt dein klarer Zoologenkopf? Das Moor der Trolle ist unter Fachleuten ein Kiefern-Birken-Hochmoor, eine Sumpfmoosgesellschaft (*Sphagnetum*) mit tückischen Schlenken und Senken ...

***

Nichts hatte sich verändert, und wenn, dann sah ich es nicht. Daß die Bäume ein paar Zentimeter höher sein mußten als vor fünf Jahren, sagte mir mein Verstand. Die Straße war noch immer ungeteert. Der Parkplatz oberhalb des Bachs: Da unten war an jenem Abend Don Kauffman aus dem Wald gestolpert, und ich weiß noch, mit welcher Selbstverständlichkeit ich Lena in seiner Begleitung erwartet hatte.

Zwei Tage erlaubte ich mir für diesen Umweg zum Orte des Geschehens. Von einer Telefonzelle aus rief ich Oskar an und teilte ihm mit, daß ich etwas später als geplant auf die Insel kommen würde.

***

Dieses verdammte Herzklopfen! Ich verbringe die Nacht im Auto. Mückengesirr, von innen beschlagene Fenster, Halbschlaf und Trollgrimassen, Angstzustände. Wo habe ich nicht alles schon genächtigt? In Zelten und Biwaks, auf Hausbooten, in Iglus und Baumhäusern ... Mein guter Schlaf war immer mein Kapital. Diesmal läßt er mich im Stich.

Um drei oder vier Uhr morgens rappele ich mich auf, mache ein paar Freiübungen neben dem Wagen, trinke lauwarmen Kaffee aus der Thermosflasche. Vor mir, schwarzgrau, die zackige Wand der Fichten jenseits des Bachs. Über der Aue Nebelschleier, fast wie damals. Der Horizont im Osten glimmt in sahnigem Isabell: Die Sonne, kaum verschwunden, kehrt zurück.

Ich will zuerst in den Kiefernwald, wo wir Vera gefunden haben, und von dort zum Trollamossen. Vom Parkplatz aus gesehen liegt der Kiefernwald ungefähr anderthalb Kilometer weit in südöstlicher Richtung. Es gibt einen Weg, der mich in seine Nähe bringt, wahrscheinlich ein uralter Elchpfad. Ihn muß Vera damals auch gegangen sein, denn er führte durch gute Pfifferlingsgründe.

Die Pilzschwemme in diesem Jahr nach Tschernobyl ist ungeheuerlich. Nicht ein Quadratmeter Waldboden ist frei – Birkenpilze, Steinpilze, Pfifferlinge, Reizker, Kuhmaul und Schafporling, Täublinge in riesigen Mengen, stämmig, wurmfrei, mit appetitlich duftendem Fleisch, dazwischen Tausende von kleinen und großen Lamellenpilzen, von denen ich trotz langjähriger Sammelerfahrung in Skandinavien nur wenige kenne. Schon auf der Fahrt von Norwegen her habe ich vom Auto aus meine geliebten Rotkappen unter und neben den dünnen Birken und Zitterpappeln längs der Straße gesehen.

Früher war mir allein beim Anblick solcher Delikatessen das Wasser im Munde zusammengelaufen. Jetzt, fünfzehn Monate nach der Atomkatastrophe in der Ukraine, befiehlt mir mein naturwissenschaftliches Bewußtsein Ekelgefühle: Was sich hier in äußerlicher Schönheit und Üppigkeit zeigt, sind kulinarische Tellerminen, ganze Heerscharen krebserregender Pilz-Zombies, verstrahlt wie die Rentiere der Lappen.

»Macht euch wohl richtig Spaß, endlich mal den Giftpilz spielen zu können, he?« sage ich zu zwei prächtigen Ziegenlippen am Wegrand und bilde mir ein, sie kichern zu hören.

Der Kiefernwald liegt auf einem flachen, westexponierten Granitrücken. Selbst die sonst allgegenwärtigen Heidelbeeren gedeihen hier nur noch spärlich, Flechten bedecken den Boden.

Zwischen zwei Felsblöcken, von denen ich den einen daran erkenne, daß eine krumm gewachsene Kiefer auf ihm stockt, lag damals Vera. Ich weiß noch, wie mir der Schock durch die Glieder gefahren war, weil ich sie im ersten Moment für tot hielt. Da, rechts neben ihr, lag der Pilzkorb ... Pfifferlinge waren herausgekullert, Maronen, Steinpilze, Ziegenlippen ... Der Wald ist auch heute wieder voll davon ... Noch ein Pilz war dabei, schön wie sein Name: etwa ein halbes Dutzend Goldröhrlinge.

Goldröhrlinge? Wie das? *Suillus grevillei* ist ein obligater Mykorrhizapartner der Lärche – Verzeihung, der Leser dieser Aufzeichnungen ist vielleicht nicht vom Fach. Also: Der Goldröhrling wächst in Symbiose mit der Lärche. Er bildet mit dem Baum eine Lebensgemeinschaft, aus der beide Partner Nutzen ziehen. Ein Goldröhrling in einem Kiefernwald ist wie eine Bachforelle im Helgoländer Felswatt: Er gehört da nicht hin. Er kann dort schlichtweg nicht existieren.

Ich sehe mich um. In diesem Kiefernwald stehen Butterpilze, formen magische Kreise, manchmal zur 8 verdoppelt und manchmal unvollendet und an Fragezeichen gemahnend. Der Butterpilz braucht die Kiefer wie sein Vetter, der Goldröhrling, die Lärche. Ich habe, wie schon im Zusammenhang mit den Coleopteren erwähnt, für Pflanzen und Tiere ein selektives Gedächtnis, und das bedeutet unter anderem, daß ich mich noch Jahrzehnte nach einem Fund an Ort, Zeit und

Umstände der Entdeckung erinnern kann. Butterpilze lagen damals nicht in oder neben Veras Korb. Warum?

Zwei Stunden lang umkreise ich in wachsenden Radien die beiden Felsen, zwischen denen Vera lag. Der Wald ist kein reiner Kiefernbestand – Ebereschen sind eingesprengt, Birken, auch ein paar Fichten hie und da.

Lärchen finde ich keine.

***

Ich muß mich kürzer fassen. Doch obwohl ich nicht in Larmoyanz verfallen will, kann ich nicht verleugnen, daß ich geweint habe, ach was – geheult wie ein Schloßhund habe ich, als ich am späten Nachmittag am Rand des Trollmoors stehe und sich vor meinem geistigen Auge Lenas Todeskampf wiederholt. Wie sie im ersten Moment nur denkt, auweh, jetzt bekomme ich auch noch nasse Füße, verdammt noch mal! Wie sie den anderen Fuß auf den wabbeligen Boden stemmt, und mit ihm gleich bis zum Knie einsinkt. Wie sie sinkt und sinkt, und die Angst ihr in die Kehle steigt, und Kälte und Nässe ihre Beine verschlingen. Wie sie ihren Leichtsinn verflucht und um Hilfe schreit und mit ihren Armen das Moor zerquirlt, als wolle sie schwarze Sahne zu schwarzer Butter schlagen ... Und wie sie an ihr Kind denkt und an mich und an diesen Yankee und an Vera. Und wie ihr am Ende die Brühe in den Mund rinnt und in die Nase und sie nicht mehr schreien kann, sondern nur noch röcheln ... Jetzt schreie *ich*. Ich brülle meine Trauer über diesen leeren, grausamen Sumpf wie damals Don Kauffman oben an der Straße, als er von Lenas Tod erfuhr.

Ein langer Weg ist es vom Kiefernwald zum Trollmoor. Ich habe unterwegs Tausende von Pilzen gesehen und auf die Bäume geachtet. Goldröhrlinge sehe ich nirgends – kein Wunder: Ich sehe auch nirgends eine Lärche.

Doch als ich, weil ich hier draußen nicht von der Nacht überrascht werden will, die Anhöhe hinaufsteige, die auf der Südwestseite das Moor begrenzt, da stehen am Hang ein paar einsame Lärchen mittleren Alters und haben ihre Getreuen um sich geschart: rotgolden leuchtet mir aus sattgrünem Moos ein ganzer Trupp entgegen.

***

Der Rest ergab sich aus zwei Telefonaten, die ich einen Tag später vom Postamt in Östersund aus führte: Eine hilfsbereite Dame in der Forstverwaltung, bei der ich mich als Mykologe ausgab, erklärte mir, daß Lärchen in jenem Gebiet sehr selten seien, doch wenn ich's genau wissen wolle, müßte ich mich an Stellan Kolmqvist wenden; der sei Bankbeamter, Jäger, Holzfäller und Hobbymaler und kenne Trollamossen und seine Umgebung wie kein anderer.

Ich rief diesen Kolmqvist an, stellte mich vor und fragte ihn nach den Lärchen.

»Komische Frage. Wieso fragst du nicht nach Kiefern? Davon gibt's mehr als genug.« (In Schweden duzt man sich.)

»Weiß ich, Kiefern gibt's da überall. Aber Lärchen habe ich keine gesehen. Ich suche Pilze, die unter Lärchen wachsen. Für eine wissenschaftliche Arbeit, verstehst du. Universität Umeå.«

»Mykorrhizaforschung, was? Tut mir leid, Lärchen wurden damals nicht gepflanzt, als das Gebiet nach den schweren Waldbränden von 1934 wiederaufgeforstet wurde.«

»Aha. Und von alleine sind auch keine aufgegangen?«

»Nee, oder warte mal: doch. Ein paar kenne ich, vier oder fünf, höchstens, keine Ahnung, wie die dahin gekommen sind. Vielleicht durch Zugvögel, die irgendwo Lärchensamen gefressen und an dem Fleck dort ausgekackt haben.«

»Und wo stehen diese Bäume?«

»Na, gleich am Südwestrand vom Moor, an dem Hang. Wachsen übrigens Goldröhrlinge drunter, jede Menge ... Müßten jetzt da sein, denke ich.«

»Alle verstrahlt«, sage ich, bedanke mich und lege auf.

***

Ich wußte nun also, daß sich Vera am Tag X ganz in der Nähe jener Stelle aufgehalten hatte, an der Lena umgekommen war. Mein Verdacht war aus seinem Winterschlaf erwacht, und ich kam mir vor wie ein alter Kripobeamter, der nach der Pensionierung auf eigene Faust einen Fall löst, dessen Klärung ihm während seiner aktiven Zeit nicht gelungen ist. Doch irgendwie hinkte der Vergleich. Welcher Kriminalist ermittelt schon gegen seine eigene Frau?

Die frische Luft, die Wanderung, auch dieses hemmungslose Weinen und Brüllen an Lenas erstem Grab hatten mir gut getan. Ich konnte wieder freier atmen, und der Schwindel war fort. Mein Kopf war klar, Gott sei dank. Ich setzte mich in meinen Miet-Volvo und fuhr los.

Was tun?

Im Grunde habe ich diese Frage bis heute nicht be-antwortet.

Was fängt man an mit einem solchen Verdacht, der sich durch neue Erkenntnisse fast zur Gewißheit ver-dichtet hat? In Gedanken spielte ich meine Optionen durch:

1.) Ich konnte zur Polizei gehen, am besten noch hier vor Ort, wo der Fall aktenkundig war. Gut möglich, daß der Kommissar, der damals die Untersuchungen geleitet hatte, nach wie vor am zuständigen Schreib-tisch saß und sich an die Geschichte erinnerte.

Obwohl ich mich für einen gesetzestreuen Bürger hielt, kam ein solcher Schritt nicht in Frage. Das neue Indiz stand und fiel mit meiner damaligen Beobach-tung, daß Goldröhrlinge in Veras Korb gewesen waren. Davon aber war in den alten Protokollen nirgends die Rede. Niemand hatte es notiert, niemand mich danach gefragt, es erschien damals auch völlig irrelevant. Das Goldröhrlingsindiz hatte nur für einen einzigen Men-schen Beweiskraft – für mich, der ich wußte, daß ich mich auf mein Gedächtnis verlassen konnte. Ganz ab-gesehen davon, wäre ich gar nicht dazu imstande gewe-sen, Vera anzuschwärzen. Ich hatte sie inzwischen fast vier Wochen nicht gesehen und sehnte mich nach ihr (vgl. auch Punkt 3).

2.) Ich konnte Vera nach meiner Rückkehr mit mei-nen neuen Erkenntnissen konfrontieren. Aber was hätte ich davon gehabt? Sie hätte sich nur auf ihren Blackout zu berufen brauchen: Filmriß kurz nach Ein-nahme der Tabletten, genauso, wie sie es in Schweden zu Protokoll gegeben hatte. Niemand würde ihr das Gegenteil beweisen können, auch ich nicht. Und auch das mußte ich bedenken: Selbst wenn Vera am Troll-moor gewesen war, hieß das noch lange nicht, daß sie dort Lena umgebracht hatte. Sie konnte die Schreie gehört haben und zu spät gekommen sein. Der Anblick der Toten wäre für Vera, labil wie sie damals war, Grund genug für eine Kurzschlußreaktion gewesen.

3.) Ich konnte versuchen, mich an das neue Indiz zu gewöhnen. Daß ich mit dem Verdacht leben konnte, bewies ich seit mittlerweile fünf Jahren, und wenn die Verdachtsmomente durch meine mykologischen Recherchen stärker geworden waren, so änderte das nichts daran, daß ich über mein Leben mit Vera und Christina nicht klagen konnte. Wir waren eine Familie, und innerhalb einer Familie gab und gibt es Loyalitäten. Nicht von ungefähr gesteht uns das Gesetz ein Recht auf Zeugnisverweigerung zu, wenn Angehörige eines Verbrechens beschuldigt werden.

Ich entschied mich für die dritte Version – und das gewiß nicht nur aus Bequemlichkeit oder Konfliktscheu. Ausschlaggebend waren für mich Christina und das Gelübde, das ich bei ihrer Geburt abgelegt hatte. Sollte ich dem sechsjährigen Mädchen, das in ein paar Wochen eingeschult werden würde, nun auch die Ersatzmutter nehmen? Seit Jahren kümmerte sich Vera liebevoll um die Kleine, deren außergewöhnliches musikalisches Talent immer deutlicher zu Tage trat. Vera sang mit ihr, brachte ihr spielerisch den Umgang mit einfachen Instrumenten bei, ließ ihr aber auch Zeit zum Kindsein und Spielen. Christina liebte Vera nicht weniger als mich, ihren Papa-Opa.

Version drei, sagte ich mir auf der Fahrt durch die Wälder und Berge Ångermanlands, aber mit einer Einschränkung: Du bleibst auf der Spur, Ridderström. Du recherchierst weiter, bis du alles weißt.

***

In den Jahren seither habe ich auf drei Bewußtseinse-
benen gelebt: Nach außen hin war ich Ehemann,
(Groß)vater, Naturfilmer und Moderator, eine Persönlichkeit des öffentlichen Lebens, und – nolens volens –
auch *ein echter Ridderström.*

Mein privates Leben mit Vera war bestimmt von
Zärtlichkeit, phantasievoller Intimität, wachsender Ver-
trautheit und echtem, niemals enttäuschtem Vertrauen
in allen Dingen, die Christina, unseren Haushalt und
unsere Finanzen betrafen. Veras psychische Probleme
waren wie weggeblasen, seit die Verantwortung für
Christina in ihren Händen lag.

Die dritte Ebene war die des Zweifels. Veras Gesun-
dung war ein Beispiel: Hat sie sich durch einen Mord
geheilt? fragte ich mich manchmal beklommen. Fast
noch bedrückender war der folgende Gedanke: Hätte
Lena ihrer Tochter je das bieten können, was Vera ihr
bot? Ich durfte diese Frage nicht zu Ende denken;
die Antworten verloren sich im Labyrinth der christlichen Moral und ihrer ungeschriebenen Ausnah-
megenehmigungen, von denen jeder von uns das eine
oder andere Mal in seinem Leben dankbar Gebrauch
macht.

***

Mein Vorsatz, die genauen Umstände von Lenas Tod
aufzuklären, blieb jahrelang ein frommer Wunsch. Wo
sollte ich noch weitersuchen? Ich weihte niemanden in
meine Gedanken ein, weil ich, sollte sich mein Verdacht bestätigen, mein Verhalten nicht hätte rechtferti-
gen können. Ich wollte am Ziel meiner Bemühungen
das Recht haben zu schweigen – und das ging nur,
wenn ich auch auf meinem Weg dorthin eisern den

Mund hielt. Seit Marias Tod im Dschungel wußte ich, wie man mit ungelösten Rätseln lebt, ohne in manische Aufklärungssucht zu verfallen.

***

Bob I. Brennan jr., Zoologe und Chemiker an der Solomon Whistler University im US-Bundesstaat Illinois, arbeitete seit vielen Jahren an einer Monographie über das nordamerikanische Stinktier. Zu den vierundsechzig Vorstudien, die er in renommierten internationalen Fachzeitschriften veröffentlicht hatte, gehörte ein kleinerer Artikel über bestimmte Aerosole aus der Stinkdrüse von *Mephitis mephitis*, die in Verbindung mit einem gentechnisch manipulierten Enzym aus den Nebennieren des Tasmanischen Teufels Erektionsprobleme bei Kapuzineraffen behoben hatten. Niemand hätte die bahnbrechende Bedeutung dieser Forschungen erkannt, wenn nicht eine Laborangestellte an Brennans Institut von dem Versuchskapuziner »Impo III« unsittlich belästigt worden wäre. Während der Affe sofort in Haft genommen wurde, sah sich Brennan mit einer Schadensersatzklage in Höhe von 10 Millionen Dollar konfrontiert, gründete, der Not gehorchend, die Biotech-Firma BIB Life Constructions und führte, etwas übereilt, das Potenzmittel *WEMA* (*We Emancipate Male Adults*) ein.

Ich kannte Bob flüchtig aus meiner Studentenzeit. Er hatte ein knappes Jahr bei Quirin E. Migula gehört und sich – lange vor *WEMA* – den Ruf eines Filous erworben. Ich bewunderte ihn damals heftig, weil er von allen meinen Kommilitonen am ehesten meiner Idealvorstellung vom Flaneur entsprach. Daß er Deutschland damals fluchtartig verließ, hatte etwas mit einem

Mädchen aus gutem Hause zu tun, in dem ein ameri-
kanischer Schwiegersohn ebensowenig erwünscht war
wie ein Kind mit zu vielen dunklen Hautpigmenten.

»What about good old Quem?« fragte Bob. »He must
be dead by now, mustn't he?«

Ich erzählte ihm kurz die anrührende Geschichte
vom Tod unseres ehemaligen Professors. Im Alter von
siebenundsiebzig Jahren, taub und fast blind, verein-
samt, aber geistig durchaus noch bei Sinnen, war er
eines Tages ins Terrarium seiner Lieblings-Anakonda
geklettert und hatte sich von ihr umarmen lassen.
Seine Haushälterin fand die Brille im Trinkgefäß der
Schlange; alles andere, die Pantoffeln eingeschlossen,
war im unförmig angeschwollenen Leib des Kriechtiers
verschwunden. Es gab eine unappetitliche Diskussion
darüber, ob man das Tier töten solle, obwohl es, wie aus
Quems Abschiedsbrief hervorging, ganz im Sinne des
Verstorbenen gehandelt hatte. Unversöhnlich standen
sich Tierschützer und Quem-Schüler auf der einen
und eine Fraktion sittenstrenger Behörden- und Kir-
chenvertreter auf der anderen Seite gegenüber, die,
von der Bestattungslobby eifernd unterstützt, ein ord-
nungsgemäßes Begräbnis verlangten. Am Ende fand
man einen Kompromiß (an dem ich, den man in das
neunköpfige Entscheidungsgremium berufen hatte,
nicht ganz unbeteiligt war): Die Anakonda wurde unter
Vollnarkose aufgeschnitten und nach Entnahme des
bereits angedauten Schlangenforschers wieder zuge-
näht. Sie erholte sich gut von der Operation und befin-
det sich seither, wie von ihrem vormaligen Eigentümer
testamentarisch verfügt, im Besitz des Zoologischen
Instituts.

Zurück zu Bob I. Brennan jr. Er war mein wichtigster
Gesprächspartner für eine Sendung, in deren Mittel-

punkt die Gentechnik stand, ein Thema, um das ich, wie schon erwähnt, immer einen großen Bogen gemacht hatte, weil ich zu wenig davon verstand. Der Druck seitens der Programmleitung war langsam, aber stetig gewachsen, so daß ich am Ende keine Ausrede mehr fand. Ich flog also mit einem Kamerateam nach Chicago und führte ein dreißigminütiges Interview mit Bob.

Ein paar Monate vor meiner Reise hatte Penthouse in großer Aufmachung erste Erfolgsberichte von Männern mit *WEMA-Erfahrung* publiziert, und in Kalifornien war bereits ein Club der *WE-MALES* gegründet worden. Die Aktienkurse der Firma waren in astronomische Höhen geschnellt. Bob hatte die Schadensersatzsumme gleichsam aus der Portokasse beglichen – und, wie sich bald herausstellen sollte, genügend Rücklagen erwirtschaftet, um auch den ungleich heftigeren Sturm zu überstehen, der sich zum damaligen Zeitpunkt bereits über ihm zusammenbraute.[1]

Die Wiederbegegnung mit Bob I. Brennan führte zu einer zweiten Wiederbegegnung, mit der ich nicht im

---

[1] Der Rest sei, da vom traurigen Thema meiner Ausführungen zu weit abschweifend, nur kurz in einer Fußnote berichtet: Wenige Wochen nach meiner Rückkehr aus den Staaten brach der *WEMA*-Skandal los: Die Studenten, die das Mittel vor seiner Markteinführung getestet hatten, fingen exakt ein Jahr, elf Monate, drei Tage und vier Stunden nach der Ersteinnahme an, unerträglich und unaufhörlich zu stinken, und zwar - was wunder? - exakt nach den Ausdünstungen eines erregten *Mephitis mephitis* in Abwehrstellung. Als sich die Nachricht herumsprach, begann für alle regulären Kunden des Mittels ein furchtbarer Countdown, der dann am jeweiligen Tag X von den schlimmsten Erwartungen übertroffen wurde. Die Flut von Entlassungen, Scheidungen, Selbstmorden und Amokläufen, die die Vereinigten Staaten heimsuchte und auch auf andere Länder überschwappte, ist allen Lesern noch in Erinnerung. (Es gab allerdings auch einige Frauen, die sich die Geruchsnerven veröden ließen und fortan ein glückliches Sexualleben führten.) Bob, der WEMA selbst nie geschluckt hatte - sein Vorbild waren die nichtrauchenden Aufsichtsräte der Tabakkonzerne -, lebt seither im Exil in Burkina Faso.

Traum gerechnet hatte. Ein regionaler Fernsehsender hatte von meinem Besuch in Chicago Wind bekommen und mich zu einer Vormittags-Talkshow eingeladen. Ich fand die junge Moderatorin bezaubernd und sagte zu – das optisch-mediale Flanieren war mir willkommene Abwechslung und schmeichelte meiner Eitelkeit.

Am Abend nach der Sendung klingelte bei mir im Hotel das Telefon und eine hörbar aufgeregte Stimme redete auf mich ein. Ich brauchte eine Weile, bis ich begriff, um wen es sich handelte. Es war Don Kauffman, der Ferienfreund meiner Tochter Lena. Er sei bei meinem Anblick aus allen Wolken gefallen und wolle mich unbedingt sehen. Ob wir uns treffen könnten? Ich ließ mir seine Telefonnummer geben und versprach, ihn am nächsten Tag zurückzurufen.

Meine Gefühle waren zwiespältig. Don war mir von Anfang an nicht unsympathisch gewesen. Lenas Tod hatte ihn furchtbar mitgenommen. Später waren noch zwei, drei Briefe zwischen uns hin und her gegangen – ich hatte ihm das erbetene Foto von Lena und Christina geschickt; dann war der Kontakt eingeschlafen. Einerseits war ich neugierig und freute mich sogar auf das Wiedersehen, andererseits fürchtete ich, daß mich die unvermeidbare Konfrontation mit den Ereignissen von 1982 erneut sehr belasten würde.

Don lud mich zu sich nach Hause ein. Seit zwei Jahren lebte er mit seiner Frau Cecily und den Kinder Lou und Jonas in einer Vorstadt von Chicago und arbeitete als freiberuflicher Software-Designer. Die vier kamen mir vor wie das Werbefilm-Klischee der glücklichen amerikanischen Familie. Don war jetzt einundvierzig und hatte bereits graue Schläfen, die ihm jedoch ausgezeichnet standen.

Als erstes erkundigte er sich nach Christina und war

158

gerührt, daß das Baby, das er damals gewickelt hatte, inzwischen ein junges Mädchen mit musikalischer Sonderbegabung war und nach wie vor bei mir und Vera wohnte. Er zeigte mir sein Haus, den geliebten Garten und sein Aquarium, es gab Kaffee und selbstgebackenen Kuchen, und als ich mich gegen Abend verabschieden wollte, nötigte mich die Familie mit einer Herzlichkeit, die keinen Widerspruch zuließ, zum Bleiben. Also rief ich im Hotel an, sagte dem Portier, daß ich erst morgen wiederkäme, und blieb.

Spät in der Nacht – Cecily und die Kinder waren längst zu Bett gegangen – leerten Don und ich noch eine angebrochene Flasche Whisky und schleiften damit die Festungen der gegenseitigen Rücksichtnahme: Ohne den Alkohol hätte keiner gewagt, die Ereignisse von damals anzusprechen. Die Angst, alte Wunden aufzureißen, wäre zu groß gewesen.

Einiges, von dem, was Don erzählte, hatte ich schon gewußt, aber es war mir zwischenzeitlich entfallen. Einige kleinere Details waren mir aber auch völlig neu. Daß er von der Polizei anfangs verdächtigt worden war, zumindest indirekt, durch Fahrlässigkeit oder unterlassene Hilfeleistung, an Lenas Tod mitschuldig zu sein, wußte ich, nicht jedoch, daß man seine Bitte, die tote Lena noch einmal zu sehen, aus unerfindlichen Gründen abgelehnt hatte.

»Ich weiß noch«, berichtete er, »wie die Männer die Böschung hinaufstolperten und dabei fast die Bahre verloren hätten. Die Leiche war mit einem weißen Tuch bedeckt. Es verrutschte, und ich sah ein paar Sekunden lang ihren linken Fuß und den Turnschuh, alles mit diesem gräßlichen schwarzen Schlamm überzogen. Dann schoben sie die Bahre in den Wagen. Seither lebt das Bild ihres schwarzen Fußes in mir weiter.«

Wie das eigentlich war mit der Liebe, will ich wissen. Wie kann sich ein Neunundzwanzigjähriger so Hals über Kopf in eine Fünfzehnjährige verlieben?

»Ihre Augen«, sagt Don verträumt, und seine eigenen Augen schimmern feucht dabei, »ihre Augen, und die Art, wie sie mit dem Baby umging. So stellte ich mir die Mutter meiner Kinder vor.«

»Sie war dein Typ, nicht wahr?«

»Ja. Bis ich Cecily kennenlernte ...« Cecily ist blaßblond und schmal. Ähnlichkeiten mit meiner Tochter hatte ich keine entdecken können, und wie sie mit ihren Babys umgegangen war, wußte ich nicht.

Plötzlich springt Don auf, geht mit nicht mehr allzu sicheren Schritten zum Wohnzimmerschrank, einem schwarzbraunen Monstrum mit eingebauter Fernsehnische, und zieht eine Schublade auf.

»Ich will dir was zeigen, Hans«, sagt er.

Er zieht unter allerhand Papierkram eine flache Pappschachtel hervor, öffnet sie und hält mir ein buntes, geflochtenes Band entgegen. »Das hat sie mir gegeben, zur Erinnerung. Sie hat es auf der langen Fahrt geknüpft, in meinem Wagen. Und das hier hab ich auch von ihr ...«

Es ist der kleine Kompaß, den ich Lena vor der Reise geschenkt hatte. Sie trug ihn an einer Kordel um den Hals.

»Sie hat gelacht, als sie ihn mir gab: ›Da, nimm das Ding, mein Daddy ist immer so übervorsichtig. Ich brauche es nicht, ich kenne mich auch so im Wald aus. Außerdem scheuert die Kordel an meiner Haut ...‹ Das Band, der Kompaß und das Foto, das du mir geschickt hast, sind meine Erinnerungen an Lena, Reliquien sozusagen. I still love her, in a way ...«

Der Whisky und der gute kalifornische Weißwein,

den es zuvor zum Essen gab, haben meine Sinne bene-
belt – doch nun fährt durch diesen rauschigen Bewußt-
seinsnebel ein Erkenntnisblitz. Mit einem Schlag bin
ich nüchtern wie ein Mormonenprediger auf Missions-
reise.

»D...der Kompaß, ja...Darf ich ihn mal sehen?«
»Sure, Hans.« Er reicht ihn mir. Die Kordel ist unver-
sehrt.

***

Wie ich den Rest der Nacht bei Don Kauffman und seiner Familie überstanden habe, weiß ich nicht mehr. Irgendwann muß Don gegangen sein – ich jedenfalls
wachte im Morgengrauen auf dem Sofa auf, kritzelte
ein paar Dankesworte auf einen Zettel, entschuldigte
meinen geräuschlosen Abgang mit dringenden beruflichen Verpflichtungen, schlich mich aus dem Haus
und fuhr mit dem Taxi zum Hotel zurück.

Als man Lena aus dem Sumpf zog, hielt sie einen
Kompaß mit einer zerrissenen Kordel in der Hand.

Aber es war nicht ihr Kompaß, sondern Veras.

Ich hatte, umsichtig und wildniserfahren, wie ich nun
einmal war, *beiden* Frauen einen Kompaß geschenkt,
gleiches Modell, gleiche Kordel. Mein eigener war älter
und etwas größer, ein militärtauglicher Marschkom-
paß, der mich auf all meinen Reisen begleitet hat.

***

Eine unversehrte Kordel war das letzte Glied in der Be-
weiskette, die sich zwölf Jahre nach der Tat in einem
Vorort von Chicago schloß. Im Zuge der Ermittlungen
hatte niemand Vera nach dem Verbleib ihres Kompas-

ses gefragt. Daß sie sich unmittelbar nach der Rückkehr ein identisches Exemplar gekauft hatte, entsprang planerischer Logik und entlarvte den Filmriß als Schutzbehauptung. Ich fand beide Kompasse bei unseren Wanderutensilien: Lenas vermeintlichen, also Veras alten, gereinigt natürlich, aber nach wie vor mit zerrissener Kordel, und Veras neuen, kaum benutzt, mit unversehrtem Band. Drei *corpora delicti*, wie sie im Verbund mit Dons Aussage wohl jeden Richter überzeugt hätten.

Ich aber schlief mit Vera am Tag meiner Rückkehr aus den Staaten, liebte sie bis zur Erschöpfung und ließ mich von den Wellen ihrer Gegenliebe davontragen. Am nächsten Morgen, einem Sonntag, hatte sie Geburtstag. Christina brachte uns das Frühstück ans Bett, ließ die Schlafzimmertür offenstehen, setzte sich an den Flügel und spielte zur Feier des Tages die Sonate in A-Dur (KV 331) von Wolfgang Amadeus Mozart.

***

Zwei Monate danach, im Oktober vergangenen Jahres, stellte ich fest, daß mir meine Jeans zu weit waren. Ich hatte nie in meinem Leben Gewichtsprobleme gehabt – jetzt hatte ich welche, wenn auch andere als die meisten meiner Altersgenossen. Es waren die ersten Anzeichen meiner Krebserkrankung, was ich natürlich zum damaligen Zeitpunkt noch nicht ahnte. Als andere Beschwerden hinzukamen und ich mich endlich untersuchen ließ, war es für eine Operation bereits zu spät.

– – –

2.5.1995

»Vera?«

»Hans?«

Abschied. Ich liege im Morgenmantel auf der Couch in meinem Arbeitszimmer. Es geht zu Ende. Heute nacht schon oder vielleicht erst morgen, gewiß nicht übermorgen.

»Vera, meine Geliebte, paß gut auf Christina auf. Sie ist deine Tochter.«

»Ja, Hans. Christina ist meine Tochter.«

»Ich verzeihe dir, um Christinas willen.«

»Was verzeihst du mir, Hans?«

»Daß du Lena umgebracht hast.«

Veras Augen weiten sich, aber sie bewahrt Haltung.

»Woher weißt du das?«

»Sie hat dir an dem Moorloch den Kompaß vom Hals gerissen, nicht wahr? Es war nicht ihr eigener, den hatte sie verschenkt. Du hast sie – zumindest – nicht gerettet, obwohl du ihr ganz nah warst ...«

Vera schlägt den Blick nieder. In ein paar Jahren wird sie pensioniert, doch man hat ihr für die Zeit danach bereits das Amt der Ehrenpräsidentin des Kinderschutzbunds angetragen. Ihr Haar ist längst grau.

»Sie wollte mir meine Tochter wegnehmen«, flüstert sie.

»Und da bist du ihr zuvorgekommen und hast ihr ihre Tochter weggenommen, nicht wahr?«

»Ja, Hans.«

»Aber logisch ist das nicht, das mußt du zugeben.«

»Ach ihr Männer mit eurer Logik! Ich hätte einen Künstler heiraten sollen, Schatz, der hätte Phantasie gehabt.« Sie lächelt ihr offizielles Lächeln, mit dem sie sonst Museen eröffnet.

»Ich bin Zoologe.«

»Ja. Naturwissenschaftler. Logiker.«

»Zoologiker, meinetwegen.«

Sie lacht unsicher, ich lächle milde und denke: Selbst wenn ich eine reißfeste Kordel hätte, könnte ich dich nicht mehr damit erwürgen, Vera. Dazu fehlt mir die Kraft, und außerdem braucht Christina dich ab morgen nötiger denn je.

***

Ich bin wieder allein. Die Buchenblätter haben ihre Pflicht getan und sind sommergrün. Vielleicht warten sie auf mich. Ob ich in ein unbekanntes Land verreise oder mich im Zuge der Zersetzung aller toten organischen Materie in meine Substanzen auflöse und von den Wurzeln der mächtigen Buchen auf dem Waldfriedhof absorbieren lasse, kann mir im Grunde egal sein; als Naturwissenschaftler, der seinen christlichen Glauben nie verleugnet hat, kann ich mit beiden Vorstellungen leben und sterben.

Nein, Vera, ganz so leicht kommst du mir nicht davon ...

Ich hole das Diktiergerät, mit dem ich dein Geständnis aufgenommen habe, aus der Nachttischschublade, spule zurück und überprüfe die Tonqualität der Aufnahme. Man versteht jedes Wort.

Ich verzeihe dir um Christinas willen, Vera. Du warst ihr eine gute Mutter und bist es noch. Ob dir auch andere verzeihen werden – Christina z. B., deren Mutter du auf dem Gewissen hast, oder unsere Justiz, das will ich nicht entscheiden. Ich werde jetzt diese Erinnerungen abschließen, unter Aufbietung meiner letzten Kräfte zum Schreibtisch gehen, das Manuskript samt

Tonbandkassette in Plastikfolie einschweißen, zum Aktenschrank neben dem Fenster schlurfen und das Konvolut dann in einem beliebigen Ordner meines Archivs abheften. Wer immer diese Seiten entdeckt, was immer diese Person damit anfängt und wann immer dies geschieht, überlasse ich der Nachwelt.

VIERBILLEN VOR DER HÖHE, d. 3.5.1995

(gez.: Hans-Anders Ridderström)

STATT EINES NACHWORTS

Prof. Dr. Wendelin Baumgarten
Hinter der Bahn 16b
D-+++++ Zweibillen-Kleinrispendorf

Hochwürden
Ottfried Zeiselmann
Kantor-Stumpf-Weg 9
D-+++++ Dreibillen-Viehhausen

am 9.11.2000

Lieber Ottfried,

ja, jetzt duze ich Dich doch, Du wirst schon noch sehen, warum.

Nun, wie gefallen Dir die Bekenntnisse des bekannten Fernsehmoderators Hans-Anders Ridderström? Ich weiß schon: Du bist erschüttert. Ich sehe Dich vor mir: Etwas zu rotwangig, rotweinwangig eben, auch die Nase gut bis zu gut durchblutet, der grauenhafte Wanst, schon vor Jahren hast Du Dich aufgegeben und frißt und frißt und frißt . . . Deine blassen Hände, teigig und schwitzig, zittern ein wenig. Kann sein, daß Du gerade ein nicht mehr ganz weißes Taschentuch aus der Weste gezogen hast und Dir den feisten Nacken abwischst.

Weißt Du, was ich glaube? Auch Du wirst keine Entscheidung treffen! Du wirst diese Seiten erst einmal überschlafen (= erster Aufschub) Nach ein paar Nächten wirst Du wieder an Deine Arbeit gehen und sagen: Erst muß ich die Predigt vorbereiten, dann den Artikel schreiben und dann die Frau XY oder den alten Z unter die Erde bringen (= zweiter, dritter und vierter Aufschub). Eines Tages wirst Du dieses Manuskript mit spitzen Fingern in Deinen Keller tragen, wo allerhand Unaufgearbeitetes herumliegt. Dort wird es allmählich vergilben, und wenn Du daran denkst (was am Anfang noch ziemlich oft geschehen wird), wirst Du mich ziemlich unchristlich verfluchen, weil ich Dir eine Entscheidung aufgebrummt habe, für die Du Dich nicht verantwortlich fühlst ... Ich kenne Dich ziemlich gut, Ottfried, Du bist ein begnadeter Verdränger vor Deinem Herrn.

Selber schuld, ich habe Dich schließlich gewarnt. Das hast Du nun von Deiner Neugier.

Und da wir gerade dabei sind, die Skelette aus dem Schrank zu holen, will ich endgültig reinen Tisch machen. Es gibt noch etwas aufzuklären, was der schöne Dr. Ridderström, unser landesweit geschätzter Tieronkel, trotz seiner vielen Recherchen und Selbstbespiegelungen nie erfahren hat. Nur ich habe es gewußt. Und selbst in meinem ersten Brief an Dich – an *Sie*, Hochwürden – habe ich noch frech gelogen, so wie man immer lügt, wenn man sich an festgefrorene Konventionen hält und anders schreibt und redet, als man denkt. Aber jetzt rede ich ohne Krawatte, Du versoffener alter Seelenfänger.

Versetz dich noch einmal in diesen Urwald. Das kann Dir nicht allzu schwer fallen, Ridderström hat uns ja eine anschauliche Darstellung des Biotops geliefert.

Dieser eingebildete, lüsterne Kerl hat seine Frau und seine Tochter auf dem Gewissen, das ist es doch, was unter dem Strich bleibt, nicht wahr? Wer hat denn diese verrückte Mörderin ins Haus geholt und alle Winke mit dem Zaunpfahl geflissentlich übersehen? Oh, wie ich diese Selbstgerechtigkeit, diese eitlen Kro-

kodilstränen, dieses wortreiche Ringen mit der eigenen Wichtigkeit hasse ... – Also, hör zu:

R. schildert korrekt das Chaos der letzten Tage: Eine
dem kollektiven Forschungswahn verfallene Wissen-
schaftlermeute ist schwerer zu hüten als ein Tüte voller
Schnabelkerfe. Es stimmt, was er von dem armen Ruud
Olafssen erzählt hat – dem war das Unternehmen von
Anfang an eine Nummer zu groß. Schon vor dem Tod
der schönen Maria klappte er einfach zusammen – die
Nerven, der Suff, wie auch immer. Was R. nicht erzählt
hat, oder jedenfalls nicht mit der gebotenen Deutlich-
keit, war, daß er selbst in dieser kritischen Zeit gegen
Olafssen putschte: Indem er ihn mit Hilfe des Arztes
aus dem Verkehr zog, vollendete er jenes Autoritäts-
vakuum, das nach Lage der Dinge nur er selbst ausfül-
len konnte. Nur die Schlangentante hatte ähnliche
Führungsqualitäten – aber sie kuschte vor ihm. Kein
Wunder nach dieser ekelhaften Paarung im Quellsumpf.

Zeiselmann, Du hast ja – außer der Jungfrau Maria,
nehme ich an – nie eine Frau geliebt (oder war vielleicht damals doch etwas dran an der Geschichte mit
dieser knusprigen Witwe am Waginger See? In Zweibillen kursierten die abenteuerlichsten Gerüchte – vor allem, nachdem um Ecken herum bekannt wurde, daß
sie sich im Jahr darauf mit Schlaftabletten das Leben
genommen hat – aber egal, Schwamm drüber). Der Zö-
libat gehört zu Deinem Job, deshalb nimmt man ihn
Dir und Deinesgleichen ja auch nicht übel, höchstens
euerm Vorgesetzten in Rom; mit euch hat man allenfalls
Mitleid. Dein Hang zur Flasche läßt jedenfalls darauf
schließen, daß Du immer hübsch kompensiert hast.
Weißt Du, was die Meßbuben über Dich gesagt haben,
diese rotzfrechen Lümmel, als Du Dich mal wieder

171

eine Woche lang nicht rasiert hattest? Der läßt sich einen Zölibart stehen!

In meinem Fall war das anders. Ich war einmal ein junger Mann mit allem, was dazugehört, also auch mit dem entsprechenden Druck unter der Taille. Zum Sublimieren oder Kompensieren hatte ich nichts, keine Madonna, keinen attraktiven heiligen Geist, so gläubig war ich nie. Ich hätte gern, aber ich fand keine. Ich wäre gern Vater geworden, aber es fehlte die Mutter. Ich war nicht direkt häßlich, aber so entsetzlich unscheinbar und schüchtern, und wenn ich tatsächlich einmal ein Mädchen oder eine Frau unter vier Augen traf, errötete ich vom Scheitel bis zum Adamsapfel (der dann auch noch unkontrollierbar auf und ab hüpfte). Fünfmal war ich im Puff. Ein dutzend Mal oder so auf dem Landstraßenstrich, wo mich keiner kannte. Das war alles: ein paar Nutten, die mich auslachten, weil ich mich so dämlich anstellte, ein paar Tritte von Zuhältern. Mit dreißig, fünfunddreißig habe ich mich einige Male vor kleinen Mädchen entblößt – erwischt wurde ich nie. Mit Ende dreißig war ich die weltweit unbestrittene Kapazität für Schnabelkerfe, aber als Mann eine impotente Qualle mit sadomasochistischen Wachträumen. Ridderström ist mir zwar verhaßt, aber er war nicht dumm: Was er über die emotionale Verkrüppelung mancher Fachidioten schreibt, hat Hand und Fuß.

Diese Hitze ... Uns allen hat das Klima da unten den Kopf verdreht, diese ständige feuchte, dämpfige Treibhaushitze, in der jeder Ledergürtel Schimmel ansetzt. Tagsüber geht es ja noch, da treibt dich dein Erkenntnisstreben voran und du kannst arbeiten, obwohl deine Leistungs- und Konzentrationsfähigkeit schon stark eingeschränkt ist. Aber die Nächte! Du schläfst kaum, weil draußen ein ohrenbetäubendes Spektakel herrscht, ein unentwegtes Grunzen, Pfeifen, Kreischen, Rülpsen, Sausen und Summen, und weil dein Schweiß dir auf dem Lager das Laken durchweicht. Irgendein Moskito verfängt sich immer unter dem Netz, und deine Sinnlichkeit treibt Dschungelblüten.

Und ausgerechnet unter diesen extremen äußeren Umständen war ich zum ersten und einzigen Mal in meinem verkorksten Leben in eine Frau verliebt.

Du wirst Dir inzwischen denken können, in welche. Natürlich in Maria-Luisa Blink, Ridderströms Gemahlin. Es hatte im Flugzeug begonnen, wo sie durch einen Zufall neben mir saß: Ich hatte den Fensterplatz, rechts neben ihr saß R., den ich ja schon kannte. Er stellte uns einander vor. Frau B. gab mir die Hand, ehe mir der Handschweiß ausbrach. Sie war eine Göttin: dunkle Augen und dichtes dunkles Haar, ein gütiges Lächeln, das mich an meine verstorbene Großmutter erinnerte, bei der ich nach dem frühen Tod meiner Eltern aufgewachsen bin. Sie fragte mich, ob sie vielleicht eine Weile am Fenster sitzen dürfe, was ich stotternd bejahte. Dann saß ich zwischen ihr und ihrem Mann, holte die Druckfahnen meines jüngsten Aufsatzes hervor, die ich bis zur Zwischenlandung in Dallas unbedingt korrigieren und eiligst an den Verlag schicken mußte.

Als die Maschine ihre Reiseflughöhe erreicht hatte, begann Maria B. ein Gespräch mit mir. Sie war die erste Frau von außerhalb meines Instituts, die mich spontan auf mein Fachgebiet ansprach – und nicht nur das, Zeiselchen, sie stellte Fragen, die nur ein Vorgebildeter stellen kann. Bei der Lektüre des Manuskripts fiel es mir wie Schuppen von den Augen: Es war die Ridderströmsche Schulung, die Journalistin in ihr. Sie war scharfsinnig und gut vorbereitet, kam ohne Umschweife auf den Punkt. Ich redete wie ein Buch, doch geschah dies rein mechanisch. In Wirklichkeit suhlte ich mich im Duft und in der Nähe dieser Frau wie R. sich später mit Frau Professor Dr. E. im Schlamm. Ihr rechter Unterarm auf der Sitzlehne war mir am nächsten. Ich weiß noch genau, wie ich nach den feinen Härchen auf der goldbraunen Haut schielte, als die Sonne über dem Atlantik im passenden Winkel durch das lukenhafte Fenster schien. Sie bewegten sich ganz leicht hin und her, winzige tentakelartige Sirenen, die mir zuwinkten. Maria schlief, die Lippen leicht geöffnet; kaum merklich blähten sich mit jedem Atemzug ihre wunderbaren Nasenflügel. Ridderström schnarchte leise. Und ich war plötzlich verliebt, zum erstenmal bis über beide Ohren verliebt in eine schöne Frau – keine Mama, keine Oma, keine Hure, kein Kind.

In Guatemala fehlte mir zunächst die Zeit, über diese ebenso wunderbare wie erschreckende Empfindung weiter nachzudenken. Es gab tausenderlei Dinge zu erledigen, vom Papierkram angefangen über die beschwerliche Bootsfahrt ins Exkursionsgebiet bis hin zur Einrichtung unserer Arbeitsplätze im Camp.

In der ersten Woche unseres Aufenthalts erlitt ich zunächst einen lustvollen Rückfall in die derangierte Libido meiner Fachidiotie, denn es gelang mir, binnen weniger Tage vierzehn neue Schnabelkerfe und zwei neue Schnabelhafte zu entdecken, darunter sogar eine neue Gattung. Doch das war nicht mehr als freudige Routine – meine Gedanken beherrschte Maria Blink. Täglich war sie in meiner Nähe, und ich sah sie im Küchenzelt oder auf dem Weg zu diesem furchtbaren Ballon-Ungetüm. Meist war sie mit Filmgerät aller Art beladen, reinigte Linsen, wechselte Filme, testete Richtmikrofone, mit denen sie und ihr Mann das Kreischen der Affen und das Gezeter der Vögel festhielten. Immer war sie guter Laune und bewahrte einen kühlen Kopf, selbst in Streßsituationen, wenn die anderen anfingen, sich gegenseitig anzubrüllen. Einen mexikanischen Lichenologen, der ihr schöne Augen machte, verwies sie mit Charme in die Schranken des Anstands und schaffte es doch, daß er ihr jeden Wunsch von den Lippen ablas, ihr half, wo immer es ging, und glücklich über jedes Wort war, das sie ihm gewährte – aus dem feurigen Möchtegern-Liebhaber war ein treues Nutztier geworden.

Ich schmachtete vor mich hin, anders kann man es nicht sagen. Und nach einigen Tagen stellte ich fest, daß die Göttin meine Nähe suchte. Es war unfaßbar.

Sie fragte, ob sie mich bei der Arbeit filmen dürfe, was ich natürlich freudig bejahte. Ich erklärte ihr die Grundlagen der Schnabelkerfsystematik, Bestimmungskriterien, Bestimmungsprobleme, die frühere Literatur. Sie wollte mal durchs Mikroskop sehen – bitte sehr. Sie betrachtete einige Wanzen unter der Binokularlupe – darunter die just entdeckte Species, die ich nach ihrem Tod unter dem Namen *Pleurohypocalyptoides marialuisae* BAUMGARTEN im ›Journal of Taxonomic Zoology‹ veröffentlichte –, und sprach mit mir über mögliche Makroaufnahmen aus dem Wanzenleben. *Sie hörte mir zu!* Sie war mir nahe – näher noch als im Flugzeug, weil wir allein waren, in der Intimität des Labors, aufgeputscht durch mitreißende Einsichten in die Morphologie einer neuen Ruderwanze! Uns stand ja nur ein gemeinsames Mikroskop zur Verfügung, und wenn man einen anderen ans Okular läßt, dann kommen bekanntlich die Köpfe einander sehr, sehr nahe; man spürt die Körperwärme, riecht Mundgeruch und Eau de Cologne oder Parfüm, sieht jede Pore in der Haut und jedes

Härchen im Ohr… Rückblickend muß ich sagen, daß dies der erotischste Moment in meinem Leben war: Die Faszination der Schnabelkerfe verband sich mit der physischen Nähe und dem Zauber einer schönen Frau, die mich und meine Arbeit anerkannte und – dies bildete ich mir damals jedenfalls ein – vielleicht sogar ein wenig bewunderte.

Eigentlich hätte ich es gar nicht nötig gehabt, mich von jener Manie anstecken zu lassen, die Ridderström in seinem Manuskript schilderte: Schon in der engsten Umgebung unseres Camps gab es genug für mich zu forschen – kein Wunder, seit Hervé & Bromeaux, die Ende der dreißiger Jahre in Nikaragua tätig waren, hatte sich ja, von ein paar vorlauten Kaliforniern abgesehen, niemand mehr intensiv mit den zentralamerikanischen Wanzen befaßt. Außerdem war die Höhenangst in der Tat ein Problem für mich.

Richtig ist, daß die mir unterstellte Forschungseuphorie eine wunderbare Tarnung für meine wahren Gefühle war: Ich wollte Maria-Luisa nahe sein, alles andere war mir gleichgültig. Ich war süchtig nach ihrer Nähe, dem Geruch ihrer Haut, ihres Schweißes und ihres Deodorants. Ich hätte nie gewagt, mehr zu erhoffen, war aber andererseits nicht bereit, auch nur auf eine Sekunde Nähe zu verzichten, die ich, ohne Verdacht zu erregen, in ihrem Dunstkreis erhaschen konnte!

Ich bat sie, nach einer bestimmten Orchidee Ausschau zu halten; sie diene einem seltenen Käfer als Wirt, der seinerseits gelegentlich von einer taxonomisch hochinteressanten Wanzensippe befallen werde. Die Pflanze kam zerstreut im ganzen Gebiet vor und war dank ihrer auffälligen rosa Blüten auch vom Laien problemlos zu erkennen; die Wanze gab es auch, doch das taxonomische Problem war vorgeschoben, denn Juana Robles Garrido hatte es zwei Jahre zuvor in einer bemerkenswerten Arbeit befriedigend gelöst (nachzulesen in ›Negociaciones zoológicas‹ 31, 4: 199–234, Caracas 1964). Immerhin, die List erfüllte ihren Zweck: Maria-Luisa Blink gab mir jedesmal Bescheid, wenn sie die Pflanze entdeckte, und wenn es sich zeitlich einrichten ließ, führte sie mich zum Standort. Einmal half ich ihr über einen Bachlauf, ein andermal rutschte ich aus und sie fing mich auf. Die Berührungen trafen mich wie Stromschläge; jeder einzelne dieser Augenblicke hat sich meinem Gedächtnis eingeprägt wie ein Brandmal.

Als nach zwei Wochen der Ballon einsatzfähig war, endete jene wunderschöne Zeit, die ich im nachhinein als meine Flitterwochen bezeichnete: Auf einmal war es Maria, die der Ehrgeiz packte: Die Fotos und Filme aus der Vogelperspektive waren das Kernstück *ihrer* Arbeit, obendrein begeisterte sie das Flugerlebnis. Plötzlich hatte sie kaum noch Zeit für mich, und da besagte Orchidee schattige, feuchte Stellen am Boden bevorzugte, fand sie auch keine neuen Vorkommen mehr, die sie mir hätte mitteilen können. Meine Gier, ihr nahe zu sein, war inzwischen jedoch unstillbar, war ins Unermeßliche gewachsen. All mein Denken und Fühlen hatte sich auf jene paar Minuten am Tag konzentriert, da sie mit mir sprach, mir auf der Karte oder im Dschungel einen neuen Standort zeigte. Jetzt sah ich sie nur noch, wenn wir uns gegen achtzehn Uhr im Kantinenzelt zum Abendessen versammelten. Wir grüßten einander freundlich, wechselten ein paar belanglose Worte – es war schön, es war herrlich, aber die Tagesdosis Maria, die ich inzwischen benötigte, war viel, viel höher.

Ridderström schiebt in seinem Manuskript die wundersame Überwindung der Höhenangst allein meinem Forschertrieb zu. Oberflächlich, wie dieser Mann zeitlebens war, stimmte wieder einmal nur die Hälfte – den Forscher hätte er nämlich getrost weglassen können! Außerdem kannte ich meine Ängste und hatte mir vor der Reise ein starkes Beruhigungsmittel verschreiben lassen, so daß ich jene »Testfahrt« in einer Art Trance überstand. Den Rest besorgten ein paar Blaue, die in der Brusttasche des Overalls von Pankraz Wespi verschwanden und seine Bedenken gegen das angebliche Sicherheitsrisiko Wendelin Baumgarten rasch verfliegen ließen. (Pankrazia! Daß ich nicht lache! Der Kerl war es doch nicht wert, auch nur eine dubiose Unterart nach ihm zu benennen!)

Um mit Maria stundenlang auf engstem Raum zusammensein zu können – und sei es eben in einem schwankenden Korb hoch über dem Kronendach des Dschungels – hätte ich auch eine Bergführerausbildung auf mich genommen und zur Prüfung den Nanga Parbat bestiegen.

Die Schnabelkerffauna der Baumkronen ist bis auf den heutigen Tag völlig unterbearbeitet. Dort oben, dreißig bis siebzig Meter über dem Erdboden, hat die Natur geniale Anpassungen und Lebensgemeinschaften geschaffen. Es ist eine eigene Welt zwischen Luft und Boden, die dem menschlichen Forschungsdrang ihrer schweren Zugänglichkeit wegen lange verschlossen blieb. So konnte ich guten Gewissens begründen, daß für mich die Fahrten über dem Laubdach von größerem wissenschaftlichen Interesse waren als die Untersuchung jenes abgelegenen Fleckens Erde, dessen imaginäre Schätze die Collegae aus anderen Fakultäten schier um den Verstand brachten.

Ich fuhr also mit, sooft ich konnte, oft hoch hinaus, denn Maria Blink filmte gerne Landschaftspanoramen aus großer Höhe. Des Scheins wegen bestand ich auf gelegentlichen Probe-Entnahmen im Kronenbereich und fand dabei, seriöses Nebenprodukt meiner heimlichen Liebe, eine Vielzahl neuer Kerfe und Hafte.

Erspar mir die detaillierte Schilderung meiner Gefühle, Zeiselmännchen, sie würde Dich mal wieder am Sinn Deiner Keuschheitsgelübde zweifeln lassen, und da wollen wir doch keine schlafenden Hunde mehr wecken, nicht wahr? Der Text vom alten Ridderström sitzt Dir ohnehin noch zwischen den Beinen, stimmt's? (Oh, was ist das für eine Lust, endlich einmal die Säue der Spießermoral befreien und durchs Dorf jagen zu dürfen! Aber aufgemerkt, Zeiselziesel, es geht weiter:)

Am Morgen des Unglückstags hing Nebel über dem Dschungel, ein feuchter, warmer Saunanebel, der in Schwaden aufstieg und über den Baumkronen von der Morgensonne verdampft wurde. Der Ballon, mit dem Maria, dieser Schweizer und ich unterwegs waren, rauschte immer wieder durch wirbelnde Nebelfetzen, verschwand sekundenlang im milchig-strahlenden Nirgendwo – und schon war man wieder draußen, sah messerscharf die Konturen des Kronendachs unter sich und darunter wieder Nebel, der sich allerdings schnell verflüchtigte.

Maria war hingerissen vom Spiel des Lichts und der hellen Schatten. Sie erzählte mir, daß der aufsteigende Nebel sie an den Dampf erinnerte, der früher aus den Schornsteinen der Lokomotiven aufgestiegen war. Als Kind habe sie sogar eine dampfende Miniaturlok besessen, obwohl sie zur elektrisch betriebenen Modelleisenbahn eigentlich gar nicht paßte ... mit Puppen habe sie übrigens nie gespielt ...

Sie hätte erzählen können, was sie wollte, mir war alles recht. Längst hing ich an ihren Lippen und ihrer wohltönenden Stimme wie ein Drogenabhängiger an der Spritze.

Ridderströms Gedächtnisprüfung auf dem Totenbett – erstaunlich, erstaunlich, findest Du nicht auch? Den Mann hat die späte Erkenntnis geküßt – oder war's etwa eine Vorschußzahlung auf die Allwissenheit im ewigen Leben? Richtig, wir waren's! Maria mit ihrer Kamera und Pankraz, der von allem nichts mitbekam, denn das Navigieren des Ballons verlangte seine volle Konzentration. Ich glaube, er fummelte gerade am Brenner herum. Was Ridderström nicht wissen konnte, war, daß auch ich, Wendelin Baumgarten, ihn mit dieser mannstollen Kollegin im Feuchtgebiet buhlen sah. Es war ungeheuerlich.

Stell Dir nur diese niederschmetternde Peinlichkeit vor, dieses grauenhafte Erröten im lächerlich kleinen Korb! Dieses Nicht-Schreien-Dürfen, weil man ja Etikette und Anstand wahren mußte und den Schweizer nichts merken lassen durfte. Da unten rammelte der Ehemann meiner Angebeteten die Kollegin aus Lausanne, die hochangesehene Herpetologin aus der Migula-Schule! Die beiden stöhnten und schrien, doch hätten wir sie nicht mit eigenen Augen gesehen, wäre ihr Lustgebrüll im Kreischen der Affen, Krächzen der Vögel, Quaken der Amphibien, Schnarren der Insekten und im Rauschen der Vegetation untergegangen.

(Während ich dies schreibe, Zeiselm., regt sich in mir ein rebellischer Gedanke, der meine rechtschaffene bürgerliche Empörung vorübergehend verdrängt: Die Lust dieser beiden *paßte* in die brodelnde Triebhaftigkeit des Urwalds; Verlockung und Befruchtung, Balz und Brunst im Verborgenen oder vor aller Augen, millionenfach kopiert, millionenfach variiert: Das *ist* der Urwald, das *ist* sein Lebensprinzip! Ihrem natürlichen – wenn auch durchs Treuegelübde der Ehe strikt verbotenen – Triebe nachgebend, verschmolzen Ridderström und die Eisenkolb optisch und akustisch mit der Natur.)

Damals war ich zu solchen Gedanken leider noch nicht fähig; vielleicht hätten sie mir geholfen. Ich starrte hinab, schluckte, mein Adamsapfel führte ein zuckendes Eigenleben, kalter Schweiß näßte meine Hände. Ich wollte weglaufen und konnte es nicht – wohin auch auf acht Quadratmetern schwebender Bodenfläche? Und dann waren wir schon wieder über dem Wald, ein warmer Nebelstreif wehte durch den Korb. Ich blickte auf und sah Maria. Sie war leichenblaß geworden. Minutenlang verharrte sie an der Korbreling, und als sie aus ihrer Starre erwachte, kam sie mir vor wie eine Schaufensterpuppe, die mit Mühe einige menschliche Bewegungsabläufe erlernt hat. Sie bückte sich zu ihrer Fototasche und packte die Kamera ein. Dann setzte sie sich auf den Boden und barg ihren Kopf zwischen den angezogenen Knien.

Nun fiel auch Pankraz Wespi auf, daß etwas nicht stimmte. Er beugte sich zu ihr und fragte sie, ob ihr nicht gut sei, was sie – seinen späteren Aussagen zufolge – bejahte (ich konnte es nicht verstehen). Maria bat ihn überdies, so schnell wie möglich nach Pankrazia zu fahren, was ja ohnehin unser Ziel war. Es dauerte noch vierzig, fünfzig Minuten. Äußerlich änderte sich in diesem Zeitraum nichts, doch in mir brannte ein Höllenfeuer.

Der Ausstieg aus dem Ballon verlief ohne Zwischenfälle und ohne viele Worte: Durch Gurte gesichert, stiegen wir über Aluminiumleitern auf die mit einem soliden Geländer versehene Plattform hinunter, die unsere Techniker in der Baumkrone errichtet hatten; dann seilten wir uns auf den Erdboden ab.

Weit verstreut auf dem annähernd fünf Quadratkilometer großen, halbmondförmigen Forscherparadies zwischen Sumpf und Schlucht tummelten sich zu diesem Zeitpunkt sechzehn Wissenschaftlerinnen und Wissenschaftler, ein jeder selbstvergessen seinen Endemitenträumen nachhängend. Ricardo Schmidt saß wahrscheinlich unter einem Busch und zählte Feuerameisen. Norma Asturian sammelte verfaulte Pilze und freute sich über immer wieder neue Maden, die aus dem stinkenden Brei herausquollen; ihr Herz schlug für pilzverzehrende Insekten, und ein Institut bezahlte sie dafür. Konrad Bleykopff hatte es mit den Spinnen, weshalb er selbst bei größter Hitze Spezialhandschuhe trug, denn in den Tropen ist mit diesen Kreaturen nicht zu spaßen. Claas van Wechteren und Nicole Ying – er stammte aus Utrecht, sie aus Hongkong – fischten am Rande des Sumpfes nach Wasserpflanzen, und die anderen trieben Ähnliches und doch wieder ganz anderes. Keiner hatte ein Auge für das Schicksal einer jungen Frau und eines nicht mehr ganz so jungen Kollegen, dem zum erstenmal in seinem Erwachsenenleben die Schnabelkerfe, ich sage es offen, scheißegal waren.

Ich wollte Maria retten – retten vor diesem zutiefst verwerflichen Ehebrecher, der ihr auf die Dauer nichts zu bieten hatte als äußerliche Makellosigkeit. Ich wollte sie retten vor der Schande einer Wiederbegegnung mit der Nebenbuhlerin. Ich wollte sie aus diesem Urwald holen, sie mit nach Zweibillen nehmen und ein Kind mit ihr zeugen, oder auch deren drei bis vier. Ich, Dr. Wendelin Baumgarten, war vom Schicksal dazu ausersehen, dieser Frau den Lebensmut wiederzugeben.

Oh, ich schlich herum, in mal engeren, mal weiteren Halbkreisen um Maria, die sich unter den Baum gesetzt hatte und mit dem Fernglas die gegenüberliegende Steilwand betrachtete. Ihre Leidenschaft war die Fotografie, doch war sie auch eine ausgezeichnete Feldornithologin. Irgendwann sah ich, hinter einem Busch versteckt, wie Konrad Bleykopff zurückkehrte; er brachte irgend etwas zurück zum Baum, wo wir verschiedene Ausrüstungsgegenstände zum Abtransport bereitgestellt hatten – wahrscheinlich waren es seine kleinen Gläser mit frisch vergifteten Giftspinnen. Er wechselte ein paar Worte mit Maria und trollte sich wieder.

Unfähig, mich auf irgend etwas anderes zu konzentrieren, kehrte auch ich gegen Mittag zu Maria zurück. Ich muß sehr leise gewesen sein; sie hatte mich jedenfalls nicht kommen hören und erschrak.

»Sie, Herr Dr. Baumgarten?« So förmlich gingen wir noch immer miteinander um.

»Oh, entschuldigen Sie, Frau Blink ...«

»Setzen Sie sich zu mir, Wendelin«, sagte Maria, und ich wußte, daß sie den Vornamen voller Bedacht gewählt hatte, um eine Atmosphäre der Vertraulichkeit zu schaffen. »Ich möchte mit Ihnen reden.«

Ich ließ mich neben ihr auf dem Waldboden nieder.

Maria kam sofort zur Sache. »Es hat keinen Sinn, daß wir beide uns etwas vormachen«, sagte sie. »Wir waren Zeuge eines ... eines Vorgangs, der, sagen wir es mal mit einem gewissen Understatement, eigentlich nicht für unsere Augen bestimmt war – und für die meinen gewiß noch weniger als für die Ihren.«

Ich brachte kein Wort heraus. Mein Adamsapfel tat mir weh. Ich muß knallrot im Gesicht gewesen sein, denn Maria fühlte sich bemüßigt, mich zu beruhigen.

»Ich verstehe, wie peinlich Ihnen diese Angelegenheit ist, Wendelin. Und glauben Sie mir: Es gibt nur eine Möglichkeit, darüber hinwegzukommen.« Sie machte eine Pause, drehte sich zu mir um und legte mir die Hände auf die Schultern. Der Blick ihrer dunklen Augen hypnotisierte mich.

Ich schluckte, nickte, räusperte mich.

»Dieses Ereignis, Wendelin, *hat nicht stattgefunden.* Es war eine Luftspiegelung, eine optische Täuschung ...« Sie holte tief Luft. »Verstehen Sie mich nicht falsch: Was wirklich war, ist völlig irrelevant, denn wir können es durch unser Verhalten ungeschehen machen. Kein Wort mehr darüber, keine Anspielung, nichts. Hier, sehen Sie ...« Maria Blink klappte das Gehäuse ihrer Kamera auf, riss den Film heraus, zerknüllte ihn. »Gelöscht! Aus und vorbei. Das, was Sie und ich gesehen zu haben glauben, *ist nicht passiert*, Wendelin. Denken Sie an Ihre niedlichen Krabbeltiere und konzentrieren Sie sich darauf. Ich denke an meine Fotos und meine Filme. Kann ich mich auf Sie verlassen?«

Krabbeltiere! Ich wußte nicht, was ich zu alldem sagen sollte, empfand aber den Ausdruck ›niedliche Krabbeltiere‹ als ungeheure Beleidigung. Diese Frau hatte mich tagelang bei der Arbeit beobachtet, mich gefilmt, mir Fragen gestellt. Ich war (und bin) Experte für Schnabelkerfe, im weiteren Sinne Entomologe, im allerweitesten Zoologe. Bei Krabbeltieren denke ich an den Onkel Fritze, und wenn einer meint, er könne mit mir Max und Moritz spielen, dann wird er mich kennenlernen.

Mir saß ein Kloß im Hals, das Herz schlug mir bis zur Oberkante von Luft- und Speiseröhre. Ich wollte nicken, aber nicht einmal dazu war ich imstande. Der Schweiß rann mir in Bächen über die Stirn. Krabbeltiere! Was bildete sich diese Frau ein, diese frisch-gehörnte Gattin? O Gott, hätte sie doch nur ›Schnabel-kerfe‹ gesagt! In dieser Minute hätte ich ihr jeden Wunsch erfüllt – und wenn es der gewesen wäre, ihren untreuen Ehemann samt seiner Konkubine zu ermor-den.

Aber so ...

Alles, was ich mir in den vergangenen Tagen zusam-mengereimt und zusammengeträumt hatte, zerplatzte wie eine Seifenblase. Maria Blink wollte den Schein wahren. Sie hatte ihre Optionen abgewogen und sich für Ridderström entschieden. Ob sie dies aus Groß-herzigkeit tat, ob ein modernes Verständnis von ehe-licher Toleranz oder schlichtweg Berechnung dahin-tersteckte – schließlich hatten die beiden ein Kind und waren dabei, sich im Naturfilmgeschäft zu etablieren – ich weiß es nicht, und es konnte mir auch egal sein; Tat-sache war, daß Maria Blink für mich unerreichbar blieb wie ein Fixstern und daß sie in mir lediglich ein Kurio-sum sah, einen harmlosen, fleischgewordenen Garten-zwerg mit Sonderbegabung, eine ›niedliche‹ biologische Abweichung vom herkömmlichen Menschen- oder Männerbild. Die Filmerei und Fragerei hatte nicht mir gegolten, das ganze Interesse an meiner Arbeit war nur Augenwischerei gewesen. Diese Frau wollte mich nicht ver-, sondern vorführen, mich ausstellen wie eine Jahr-markt-Monstrosität: die Frau ohne Unterleib, der dickste Mann der Welt, das Kalb mit den zwei Köpfen. Ridderströms Darstellung hat meine damalige Vermu-tung unmißverständlich bestätigt. ›Süßes Kerlchen‹ hat sie mich genannt, diese Hexe! Ich könnte sie deswegen noch einmal umbringen.

Irgendwie hat Maria-Luisa Blink in den letzten Minu-ten ihres Lebens wohl noch mitbekommen, daß sie einen Fehler gemacht hatte. Wahrscheinlich spiegelte sich mein desolater innerlicher Zusammenbruch in meinen Zügen wider. Jedenfalls sah sie mich irritiert an, erhob sich, klopfte sich die Kleider ab und wollte zu dem kleinen Zelt gehen, in dem wir unsere Präparate deponierten; es stand auf der anderen Seite des Baumes.

In diesem Augenblick packte ich zu. Ich umklammerte ihre Wade, so daß sie der Länge nach auf den Bauch fiel.

Erspar mir Deinen empörten Aufschrei, alter Schwarzzeisel, und hör zu: »Ich ... ich liebe Sie«, würgte ich hervor und krächzte dabei wie eine balzende Aaskrähe. Entweder es war eine groteske Lüge – oder meine Wortwahl hinkte der Wirklichkeit hinterher. Ich haßte diese Frau mit derselben Inbrunst, mit der ich sie ein paar Minuten zuvor noch geliebt hatte.

Maria drehte sich um und sah mich an. Sie war blaß geworden wie ein paar Stunden zuvor im Korb, aber auf ihren Lippen lag ein Lächeln, das ich für ein spöttisches hielt – Ridderström hat es ja beschrieben, dieses ironische, sphinxhafte Lächeln, aus dem man nicht klug wurde ... Nein, nein, nein, sie sagte nicht: »Halt den Schnabel, Kerl!« Aber *es sah so aus,* als beantwortete sie mein Gestammel gedanklich mit genau diesen Worten.

Ich war außer Rand und Band und wollte den herrlichen Körper für die Beleidigung bestrafen, die ich aus dem Munde seiner Besitzerin erfahren hatte. Ich sah mich in diesen Sekunden als Herr und Rächer, als alttestamentarischen Gott, dem nichts entgeht, der nichts verzeiht. Steinigen konnte ich diese Frau nicht, die meine innersten, edelsten Gefühle in den Schmutz der Lächerlichkeit gezogen hatte, aber ich konnte die

Steine in der Schlucht dazu benutzen, passiv das Werk zu vollenden.

Es kam zu einem kurzen Ringkampf, von dem ich nur noch weiß, daß ich dabei irgendwann Marias Busen berührte. (Es war das letzte Mal in meinem Leben: nie wieder bin ich einer weiblichen Brust auch nur nahegekommen.) Sie spürte, daß es ihr ans Leben ging, befreite sich kurz aus meinem ungeübten Griff, sprang auf, öffnete den Mund, um zu schreien, doch da gab ich ihr wohl den kleinen, entscheidenden Stoß. Sie schwankte, verlor das Gleichgewicht, fiel. Nie waren Maria-Luisa Blinks schöne dunkle Augen so groß. Das letzte, was sie sieht, dachte ich nicht ohne Wollust, ist meine rasch kleiner werdende Glatze. Wie ein Kinderreim ging es mir durch den Kopf: Tatze, Fratze, Glatze – aus! Ihr Schrei raste mit ihr in die Tiefe und verhallte. Niemand im tosenden Urwald hat ihn gehört.

Panik: Ich rannte in den Wald, so schnell ich konnte. Ich traf niemanden, obwohl ich wußte, daß die Kollegen irgendwo im Dickicht vor ihren Endemiten hockten, den echten oder vermeintlichen, daß sie Proben nahmen, Beschreibungen anfertigten, fotografierten, promovierten, habilitierten oder was weiß ich . . . Es gab keine Zeugen. Als sich Ridderström zwei Tage später in die Schlucht abseilen ließ, nachdem ein frisch abgebrochener Zweig einige Meter unterhalb der Hangkante den Suchern nach der Vermißten einen Hinweis gegeben hatte, begann die Leiche der schönen Maria-Luisa bereits zu stinken.

Habe ich sie wirklich hinuntergestoßen? Ist sie nicht durch eigene Unachtsamkeit abgerutscht? Wollte sie am Ende vielleicht mich hinunterwerfen, weil sie fürchtete, ich könne ihren Plan durchkreuzen und den Mund nicht halten? War es Mord, ein Unfall, Notwehr?

Ach, Zeiselmann! Und wäre ich selber Richter, Anwalt, Schöffe und Sachverständiger in einem Prozeß gegen mich selbst: Es wäre eines jener Mammutverfahren, die den Steuerzahler Millionen kosten und doch keine endgültige Klarheit bringen.

Es sei denn ... Nein, ich lege kein Geständnis ab, aber ich gebe zu, die Indizien sprechen gegen mich, und der Naturwissenschaftler in mir ist objektiv genug, um sich selbst ein belastendes psychologisches Gutachten auszustellen: Ich verweise auf meine Neigung, Frauen zu vergöttern oder zu verhuren und keine Zwischentöne zuzulassen. Auf meine unendliche Einsamkeit als Mann und Wissenschaftler. Auf den Lebensneid, der mich immer packte, wenn ich glückliche Familienväter sonntags an den Badesee radeln sah und dabei daran denken mußte, wie sie des nachts, wenn die lieben Kleinen schlafen, mit ihren schönen, liebesfähigen Ehefrauen einem längst zweckentfremdeten Fortpflanzungstriebe huldigten! Der unfreiwillige Ballon-Voyeurismus hatte meinen kranken Phantasien die letzten Hemmungen genommen. Ich erinnere an meine verblendete, rauschartige Verliebtheit und die bittere Enttäuschung, die die Angebetete mir bereitete, als ich ihr meine Liebe eingestand.

Am Ende meines Lebens zweifele ich daran, daß meine bahnbrechende Weltmonographie über die *Hemiptera* ein gerechter Preis ist für das Leben, das ich führen mußte.

Ich bin ein strenger Richter, Zeiselmann. Einer wie ich ist nicht resozialisierbar: eine Frau wie Maria hätte vielleicht meine Bewährungshelferin sein können, aber sie weigerte sich, und wahrscheinlich war es damals ohnehin schon zu spät.

Unter Abwägung all dessen, was ich heute noch weiß,

und vorbehaltlich der Streiche, die einem die Erinnerung spielt, verurteile ich mich wegen Mordes zum Tode. Ich lege keine Rechtsmittel ein. Die Gnadeninstanz bin ich selbst und lehne ab, einen möglichen, wenn auch nicht wahrscheinlichen Justizirrtum nehme ich billigend in Kauf. Nachdem mein geistiger Mittäter, H.-A. Ridderström, längst vor einem höheren Richter stand, ist endlich auch meine Zeit gekommen.

Die Exekution wird am kommenden Samstagnachmittag gegen 15.30 Uhr am Viadukt stattfinden.

Am Samstagvormittag werde ich mich allerdings noch einmal mit Vera Ridderström-Kalitz treffen. Seit dem Tod ihres Mannes und meiner Arbeit an seinem Nachlaß treffen wir uns ab und an zu einer Tasse Kaffee. Obwohl ich nichts mehr brauche, habe ich mich mit ihr zu einem Einkaufsbummel verabredet.

Das war's, Zeiselspecht. Schluck's runter, spül's runter, wie Du willst, Hochwürden. Halt eine schöne Rede auf mich, Du schaffst das schon.

Wendelin

PS: Vielleicht interessiert es Dich noch, was aus dem jungen Fräulein Ridderström geworden ist? Christina-Maria Ridderström hat das Abitur mit glänzendem Notendurchschnitt bestanden und beginnt im kommenden Semester mit dem Musikstudium am Mozarteum. Derzeit weilt sie allerdings in Italien. Seit Ridderströms Tod lernt sie die Landessprache. Sie hat im vergangenen Jahr Kontakt zu Verwandten ihrer Großmutter aufgenommen und erhielt eine herzliche Einladung nach Verona.